# Llamada a escuchar

CUARENTA DÍAS DE DEVOCIÓN

## Michelle J. Goff

Ministerio Hermana Rosa de Hierro

Derechos reservados © 2017 Michelle J. Goff.

Todos los derechos reservados. Este libro y ninguna de sus partes pueden ser usadas o reproducidas en ninguna forma gráfica, electrónica o mecánica, incluyendo fotocopia, grabación, taquigrafiado, tipeado o algún otro medio, incluyendo sistemas de almacenamiento, sin previo permiso por escrito de la casa editora, excepto en caso de citas breves incorporadas en revisiones o artículos críticos.

Michelle J. Goff / CreateSpace
Ministerio Hermana Rosa de Hierro
www.HermanaRosadeHierro.com
1-501-593-4849

Formato del libro ©2013 BookDesignTemplates.com

Las citas bíblicas son tomadas de LA BIBLIA DE LAS AMERICAS © Copyright 1986, 1995, 1997 by The Lockman Foundation Usadas con permiso

La *Santa Biblia*, Nueva Traducción Viviente, © Tyndale House Foundation, 2010. Todos los derechos reservados.

La Santa Biblia, Nueva Versión Internacional® NVI® Copyright © 1999 by Biblica, Inc.® Usado con permiso. Todo derecho reservado.

El texto Bíblico ha sido tomado de la versión Reina-Valera © 1960 Sociedades Bíblicas en América Latina; © renovado 1988 Sociedades Bíblicas Unidas. Utilizado con permiso. Reina-Valera 1960™ es una marca registrada de la American Bible Society, y puede ser usada solamente bajo licencia.

Debido a la naturaleza dinámica del internet, alguna de las direcciones de la página web o alguna otra conexión contenida en este libro pueden haber cambiado desde su publicación y no ser válida. Los puntos de vista expresados en este libro vienen del autor y no necesariamente reflejan los puntos de vista del editor, quien por este medio no se hace responsable por los mismos.

Llamada a escuchar / Michelle J. Goff.—1$^{er}$ ed.
ISBN 978-0-9963602-9-6 (sc)

# Contenido

Reconocimientos ................................................................. i

Prefacio por Dr. Bill Richardson ....................................... 1

Introducción al escuchar ................................................... 3

Lección introductoria para los grupos pequeños ............ 5

Semana 1: *Escuchando al Buen Pastor* ........................... 7

    Semana 1: Reflexiones Semanales ............................. 25

Semana 2: *Escuchando al Creador* ................................ 29

    Semana 2: Reflexiones Semanales ............................. 47

Semana 3: *Escuchando al Padre* .................................... 51

    Semana 3: Reflexiones Semanales ............................. 71

Semana 4: *Escuchando al Hijo* ...................................... 75

    Semana 4: Reflexiones Semanales ............................. 93

Semana 5: *Escuchando al Espíritu Santo* ..................... 97

    Semana 5: Reflexiones Semanales ........................... 113

Semana 6: *Escuchando por los cinco sentidos* ........... 117

    Semana 6: Reflexiones Semanales ........................... 131

Conclusión: ..................................................................... 135

Apéndice A: Formato para los estudios del Ministerio Hermana Rosa de Hierro ............................................... 137

Apéndice B: Guía para la facilitadora ........................... 141

Sobre la autora..................................................................143

Sobre el Ministerio Hermana Rosa de Hierro..............................147

*A los que escuchan y anhelan escuchar.*

# Reconocimientos

A veces me cuesta escuchar. Pero Dios siempre me escucha cuando Le llamo y ha sido paciente en mi proceso de aprender a escuchar mejor. Gracias infinitas a Él y que toda la gloria sea para Quien escucha.

Gracias especiales para mis padres, quienes anticipan las historias de mis viajes y nunca se cansan de escucharme hablar, no importa el tema. El dar y recibir de nuestro escuchar ha sido un ejemplo fundamental en mis relaciones con otros.

Y a mis hermanas quienes me escucharon como "la hermana mandona" cuando éramos niñas, hasta hablando en otros idiomas en mis sueños. Siempre serán de los primeros que quiero escuchar.

Gracias a Katie Forbess, la presidenta de la junta directiva del MHRH, quien nunca se cansa de decir lo que hay que decir, aun si yo preferiría no escucharlo. Gracias por ser instrumento de Dios en mi vida. Que nunca cesemos de soñar con todo lo que Dios hace y hará a través de nosotras y este ministerio.

Mucho agradecimiento para el grupo piloto de este estudio los miércoles por la tarde: Débora, Elizabeth, Kassy, Leahndrea, Mackenzie, Megan, y Rosa. Su escuchar y el compartir con ellas fueron un instrumento para equipar a más mujeres para escuchar.

Y a las corregidoras y revisoras del manuscrito, les doy muchas gracias por su esfuerzo y sus talentos únicos: Eunice Vanessa Chura, Débora Rodrigo de Racancoj, y Ana Teresa Vivas.

Finalmente, muchas gracias a estos individuos específicos por el uso de sus talentos:

- Kenneth Mills por el diseño de la portada.
- Geoffrey Wyatt por la foto de perfil.
- Joel Friedlander, Book Template Designs.

# Prefacio por Dr. Bill Richardson

Ruidos, distracciones y actividad frenética llenan el mundo en el cual vivimos. Sobre el estruendo de nuestra existencia diaria la palabra de Dios amonesta: "Quédense quietos, reconozcan yo soy Dios" (Salmo 46: 10, NVI). ¡Quedarnos quietos no es ningún desafío pequeño! El clamor de nuestras vidas es tan generalizado que hemos sido condicionados para evitar el silencio y rechazar la soledad. Nos encontramos solos en casa y buscamos el control remoto de la televisión. Por la mañana, salimos rumbo al trabajo prendiendo la radio. ¿Podría ser que repelemos el silencio con la bulla del mundo porque el silencio nos deja solos... con Dios!? Este ambiente ruidoso es tan diferente a lo que experimentaba David mientras cuidaba las ovejas de su padre, en los campos que rodean a Belén. Vigilando sobre los indefensos animales, David durmió bajo un dosel de estrellas y reflexionó sobre el significado de la vida y el plan de Dios para el hombre (Sal. 8). Supliendo las necesidades de las ovejas, David creció en su aprecio por el cuidado de Dios para él (Sal. 23). La respuesta natural a todo el "tiempo a solas" era la adoración que David dirigió a Dios a través de oraciones acompañadas de música. Los primeros salmos de David fueron escritos en respuesta a todo lo que había "escuchado" de Dios en la creación (Sal. 19). Él decidió llenar su silencio con alabanzas. De esta manera, la relación de David con Dios se nutrió. Era una relación que luego lo sostendría cuando su vida se convirtió en una actividad frenética y David fue desafiado con las distracciones del pecado y de la pérdida. Como el pueblo de Dios, no podemos sobrevivir el "ruido" del mundo sin tiempo a solas, en comunión con Dios.

Tienes en tus manos un libro que está diseñado para enseñarte en la disciplina de escuchar. Proporciona cuarenta días de una orientación oportuna para desarrollar "oídos para oír" la Palabra de Dios. Después de

*Su bautismo en el Jordán, Jesús fue llevado a un desierto de soledad durante cuarenta días. Este tiempo de ayuno y comunión con el Padre le preparó para hacer frente al tentador. Estos cuarenta días cruciales lanzó a Jesús en un ministerio marcado por la abnegación y la dependencia del Espíritu de Dios, que culminó en la cruz. Él te llama, Su discípulo, para seguir Sus pasos. Vivir como Jesús en el siglo XXI es "Misión Imposible," si negamos la soledad y el silencio necesario para escuchar su voz. La comunicación es el "oxígeno" de cualquier relación y la comunicación verdadera requiere que escuchemos activamente. ¡Nada es más vital para nuestra vida que la comunicación frecuente y significativa con la Fuente de Vida!*

*Michelle Goff ha dedicado sus esfuerzos, en un ministerio siempre en expansión, el proveer herramientas y entrenamiento para la vida cristiana a sus hermanas en Cristo. Le aplaudo por el reconocimiento de la necesidad vital en la vida de cada discípulo de escuchar la voz del maestro y por proporcionar este recurso maravilloso. Personalmente desconozco cualquier otra guía de este tema crítico. Michelle ha provisto comentario pensativo basándose en su amplia experiencia como misionera para dar un contexto significativo a los textos bíblicos que han sido cuidadosamente seleccionados y organizados. Los ejercicios y preguntas que siguen están diseñados para provocar la reflexión cuidadosa. El método adoptado te va a involucrar en momentos de soledad y en comunión con sus compañeras. Creo que los próximos cuarenta días será un tiempo de transformación en tu vida, si dedicas el tiempo necesario para leer, meditar y realizar estos ejercicios. Te animo a aceptar este libro de devociones como una invitación personal a tomar un descanso diario del ruido de tu vida a fin de "¡Quedarte quieta y conocer que Dios es Dios!"*

# Introducción al escuchar

¿Cómo cumplimos el mandamiento en Mateo 22:34-39 de amar a Dios y amar a otros? *Escuchar a Dios. Escuchar a otros.*

Nuestro Padre celestial tiene un mensaje que quiere que todos escuchemos, pero ¿estás escuchando? En medio de este mundo ruidoso, el escuchar es un arte perdido. Sabemos que "el que tenga oídos para oír, que escuche y entienda" (NTV). ¿Pero cómo debemos escuchar? ¿Y qué nos está diciendo Dios?

Puede que no escuchemos a Dios desde una zarza ardiente como Moisés, pero podemos escuchar Su voz por Su palabra, en la naturaleza, mediante los hermanos y hermanas en Cristo, hasta en el silencio… Pero nuevamente, la pregunta que nos debemos hacer es, ¿estamos escuchando?

La devoción a Dios es una prioridad en el escuchar. Cuando nos consagramos a Él, le prestamos atención completa y no-dividida. La devoción implica dedicación, admiración, y tiempo: elementos que necesitamos para profundizar la relación con el Padre y cumplir el llamado a escuchar.

Durante estos cuarenta días de devoción, exploraremos y experimentaremos el escuchar a Dios y a otros, en varias maneras.

Cada semana vamos a tener un enfoque distinto para los ejercicios de escuchar. Las actividades de algunos días tocarán en lo más profundo de tu alma, resonando los ecos de la voz de Dios.

Puede ser que otras prácticas del escuchar caigan en oídos sordos. Sin importar tu reacción o tu impresión inicial, te animo a seguir escuchando.

Cada día nos presenta la oportunidad de abrir nuestros corazones, almas, mentes, y fuerzas a lo que necesitamos escuchar. Vas a ser animada, desafiada, bendecida, y hasta probada. Sigue escuchando.

Dios tiene tanto que nos quiere decir, tanto para compartir, guiar y recordar. ¿Estás escuchando?

Semana 1: *Escuchando al Gran Pastor*

Semana 2: *Escuchando al Creador*

Semana 3: *Escuchando al Padre*

Semana 4: *Escuchando al Hijo*

Semana 5: *Escuchando al Espíritu Santo*

Semana 6: *Escuchando por los cinco sentidos*

Habrá *ejercicios diarios* para realizar a solas. Los llamamos ejercicios porque estiran nuestros músculos espirituales y nos entrenan en la disciplina de escuchar.

Se van a compartir *reflexiones semanales* en el contexto de la comunidad, con las Hermanas Rosa de Hierro (hermanas en Cristo que pueden servir como hierro afilando a hierro, animándose a que sean tan bellas como rosas a pesar de unas espinas).

Gracias por acompañarnos en la devoción a escuchar.

Lección introductoria

# Inicio en grupos pequeños para la Semana 1

Invita a cada mujer a compartir los tres siguientes puntos:
- Su nombre
- Qué tipo de música le gusta escuchar más y
- Qué tipo de música no le gusta escuchar para nada.

¿Cómo te hace sentir la música que sí te gusta escuchar?

¿Cómo te sientes cuando escuchas la música que no te gusta?

¿Cómo te sientes cuando has escuchado la voz de Dios?

¿Son similares algunas de las descripciones de cómo te sientes (al escuchar la música que te gusta y al escuchar la voz de Dios)?

¿Nos complace siempre escuchar la voz de Dios? ¿Por qué sí o por qué no?

¿Cómo escuchamos la voz de Dios?

Durante los próximos 40 días, vamos a aprender y practicar varias maneras de escuchar a Dios. Los *ejercicios diarios* nos presentarán algunos métodos distintos para escuchar.

También, los podemos llamar *prácticas del escuchar* porque nadie ha perfeccionado toda manera de escuchar, pero todos necesitamos entrenarnos para escuchar mejor. Y requiere práctica. Si sientes que no escuchaste bien un día, no te desanimes. Comienza otra vez el siguiente día y escucha de la mejor manera que puedas. Con la práctica, vas a mejorar y empezarás a escuchar la voz de Dios más claramente.

Reunirnos para las *reflexiones semanales* nos permitirá regocijarnos en lo que hemos escuchado y animarnos a seguir escuchando.

*Nota para la facilitadora:* Puedes resaltar los días de la semana anterior que más te llamaron la atención cuando te reúnes con tu grupo pequeño de Hermanas Rosa de Hierro. En la Guía para la facilitadora (pg. 141-142) se incluyen sugerencias adicionales y direcciones.

Semana 1: Escuchando al Buen Pastor

## Semana 1, Día 1
## Conociendo la voz del Buen Pastor

Las ovejas son tontas. Pero hay algo que las hace más inteligentes que nosotros: conocen la voz del Buen Pastor.

Lee Juan 10:1-18 y reflexiona en las preguntas que siguen, al escuchar la voz del Buen Pastor hoy. Se incluye abajo la Nueva Traducción Viviente (NTV), pero te animo a leer el texto en múltiples versiones para escuchar la voz del Buen Pastor en diversas y nuevas maneras.

**10** »Les digo la verdad, el que trepa por la pared de un redil a escondidas en lugar de entrar por la puerta ¡con toda seguridad es un ladrón y un bandido! ²Pero el que entra por la puerta es el pastor de las ovejas. ³El portero le abre la puerta, y las ovejas reconocen la voz del pastor y se le acercan. Él llama a cada una de sus ovejas por su nombre y las lleva fuera del redil. ⁴Una vez reunido su propio rebaño, camina delante de las ovejas, y ellas lo siguen porque conocen su voz. ⁵Nunca seguirán a un desconocido; al contrario, huirán de él porque no conocen su voz.

⁶Los que oyeron a Jesús usar este ejemplo no entendieron lo que quiso decir, ⁷entonces les dio la explicación: «Les digo la verdad, yo soy la puerta de las ovejas. ⁸Todos los que vinieron antes que yo eran ladrones y bandidos, pero las verdaderas ovejas no los escucharon. ⁹Yo soy la puerta; los que entren a través de mí serán salvos. Entrarán y saldrán libremente y encontrarán buenos

pastos.¹⁰ El propósito del ladrón es robar y matar y destruir; mi propósito es darles una vida plena y abundante.

¹¹ »Yo soy el buen pastor. El buen pastor da su vida en sacrificio por las ovejas. ¹² El que trabaja a sueldo sale corriendo cuando ve que se acerca un lobo; abandona las ovejas, porque no son suyas y él no es su pastor. Entonces el lobo ataca el rebaño y lo dispersa. ¹³ El cuidador contratado sale corriendo porque trabaja solamente por el dinero y, en realidad, no le importan las ovejas.

¹⁴ »Yo soy el buen pastor; conozco a mis ovejas, y ellas me conocen a mí, ¹⁵ como también mi Padre me conoce a mí, y yo conozco al Padre. Así que sacrifico mi vida por las ovejas. ¹⁶ Además, tengo otras ovejas que no están en este redil, también las debo traer. Ellas escucharán mi voz, y habrá un solo rebaño con un solo pastor.

¹⁷ »El Padre me ama, porque sacrifico mi vida para poder tomarla de nuevo. ¹⁸ Nadie puede quitarme la vida sino que yo la entrego voluntariamente en sacrificio. Pues tengo la autoridad para entregarla cuando quiera y también para volver a tomarla. Esto es lo que ordenó mi Padre».

¿Cómo es la voz del Buen Pastor?

¿Qué tipo de cosas dice el Buen Pastor?

¿Qué hace que las ovejas confíen en la voz del Buen Pastor?

¿Por qué confían en Su voz y no en la de un extraño?

¿Cuándo fue la primera vez en la que una oveja reconoció la voz de su pastor?

¿Cómo crees que se sintió la oveja cuando fue cargada por el Buen Pastor después de perderse a lo lejos o herirse?

¿Cómo te está hablando la voz del Buen Pastor hoy?

## Semana 1, Día 2
## Lo que el Buen Pastor quiere decir

Ayer, introdujimos la importancia de conocer la voz del Buen Pastor. Pero, ¿cómo podemos escuchar Su voz? Y si la estamos oyendo, ¿estamos escuchando?

El Salmo 23 ilustra el corazón del Buen Pastor como consolador, guía protector, y proveedor.

Lee Salmo 23 (LBLA) abajo y subraya las porciones del salmo que más te hablan al corazón hoy. Léelo más de una vez y en más de una sola versión.

Hay varias canciones compuestas de este mismo salmo. Busca un himnario, un video de YouTube® u otra manera de escuchar y cantar una canción de este salmo.

Escucha con cuidado la voz del Buen Pastor a través de las Escrituras y las canciones. Y que Sus palabras de consolación te acompañen durante todo el día.

**23** El Señor es mi pastor,
nada me faltará.
² En lugares de verdes pastos me hace descansar;
junto a aguas de reposo me conduce.
³ El restaura mi alma;
me guía por senderos de justicia
por amor de su nombre.
⁴ Aunque pase por el valle de sombra de muerte,
no temeré mal alguno, porque tú estás conmigo;
tu vara y tu cayado me infunden aliento.
⁵ Tú preparas mesa delante de mí en presencia de mis enemigos;
has ungido mi cabeza con aceite;

mi copa está rebosando.
⁶ Ciertamente el bien y la misericordia me seguirán todos los días de mi vida,
y en la casa del Señor moraré por largos días.

Notas, dibujos, o pensamientos que quieres apuntar después de haber escuchado al Buen Pastor hoy:

# Semana 1, Día 3
# Escuchar con paciencia
# (especialmente cuando no entiendes)

Estoy esperando… pero ¿cuánto tiempo debo esperar?

Estoy escuchando… pero no estoy segura si oigo algo o no.

Estoy esperando… pero no es lo que quería escuchar.

Estoy escuchando… pero no sé si lo entiendo, o si lo quiero comprender.

Habacuc 2:3 (LBLA)

³ Porque es aún visión para el tiempo señalado;
se apresura hacia el fin y no defraudará.
Aunque tarde, espérala;
porque ciertamente vendrá, no tardará.

Isaías 55:8-9 (RV60)

⁸ Porque mis pensamientos no son vuestros pensamientos, ni vuestros caminos mis caminos, dijo Jehová.
⁹ Como son más altos los cielos que la tierra, así son mis caminos más altos que vuestros caminos, y mis pensamientos más que vuestros pensamientos.

Cuando el Buen Pastor te dice *a dónde* ir, *qué* hacer, *cómo* vivir, o *a quién* seguir, posiblemente no entiendes el *por qué*.

Pero cuando soy honesta conmigo misma, me contenta que no siempre entiendo el por qué. Porque significa que Dios es Dios y yo no lo soy. Él tiene la mejor perspectiva. Soy una simple oveja con necesidad de un Buen Pastor.

Y como mi Buen Pastor, sabe cuándo hay un león a la vuelta de la esquina. Y aunque a veces me frustro al desviarme del camino que llevo, tengo que confiar que Él tiene mejor perspectiva. Todo lo que hace lo hace por amor, para mi propia protección y bienestar.

A veces, escuchamos mejor por las experiencias de otros o cuando recordamos las ocasiones en las que el Buen Pastor fue fiel en el pasado.

Describe un tiempo en el que el Buen Pastor te bendijo, te protegió o proveyó para ti: una historia que no entendiste en el momento, pero luego te diste cuenta de la mano del Buen Pastor guiándote en Su sabiduría.

Otras notas, dibujos, o pensamientos surgidos al escuchar al Buen Pastor hoy:

## Semana 1, Día 4
## Escuchar y caminar en Sus caminos

El Buen Pastor es un guía para la oveja. Nosotras, como ovejas, no podemos encontrar los pastos verdes o las aguas tranquilas por nosotras mismas. Y cuando tratamos de hacer nuestro propio camino o buscar otra manera, nos metemos en problemas y entristecemos a Dios.

Salmo 81:13 (RV60)

¡Oh, si me hubiera oído mi pueblo,
Si en mis caminos hubiera andado Israel!

Muchas veces, Dios lamenta que Sus ovejas no le escuchan ni andan en Sus caminos. Tendemos a querer hacer las cosas por nosotros mismos. Somos tercos. Y aún si comenzáramos a escuchar, cambiaríamos el mensaje de Dios para cuadrarlo con nuestro propio deseo, como hizo Balaam.

Y cuando decidimos no escuchar, somos ciegos, otra vez como Balaam.

Ovejas. Burros. Dios utiliza cualquier animal o cosa en nuestro camino para ilustrar Su punto y recordarnos la importancia de escuchar. Porque dejadas a nuestro propio criterio, deseo, y diseño, nos encontramos en problemas y encaminadas a la destrucción.

*Siempre es más sabio escuchar a Dios la primera vez y escoger andar en Sus caminos.*

Resumiendo la historia, Balac, rey de Moab, teme a los israelitas. Reconoce que es un pueblo protegido y numeroso. Así que envía el siguiente mensaje a Balaam, profeta de Dios (Núm. 22:5b-6, LBLA).

⁵ Mira, un pueblo salió de Egipto y he aquí, cubren la faz de la tierra y habitan frente a mí. ⁶ Ven ahora, te ruego, y maldíceme a este pueblo porque es demasiado poderoso para mí; quizá pueda derrotarlo y echarlos de la tierra. Porque yo sé que a quien tú bendices es bendecido, y a quien tú maldices es maldecido.

Balaam escucha el mensaje y consulta a Dios (después de que Dios inició la conversación, Núm. 22:12-13).

¹² Y Dios dijo a Balaam: No vayas con ellos; no maldecirás al pueblo, porque es bendito. ¹³ Balaam se levantó de mañana y dijo a los jefes de Balac: Volved a vuestra tierra, porque el Señor ha rehusado dejarme ir con vosotros.

¿Escuchó Balaam a lo que dijo Dios?

¿Cambió Balaam el mensaje? ¿Cómo lo cambió o cómo no lo cambió?

Lee Números capítulos 22 a 24. Es un pasaje largo, pero la narrativa de la historia es rica con aplicación para nuestro escuchar al Buen Pastor.

¿Qué tal hizo Balaam con su escuchar? ¿Escuchó bien?

¿Qué tal hizo Balac con su escuchar? ¿Escuchó bien?

¿Qué aprendemos de esta historia y las prácticas del escuchar?

¿Qué significa escuchar la voz de Dios sobre todo pensamiento y deseo nuestro?

Números 23:19 (LBLA)
Dios no es hombre, para que mienta,
ni hijo de hombre, para que se arrepienta.
¿Lo ha dicho Él, y no lo hará?,
¿ha hablado, y no lo cumplirá?

Otras notas, dibujos, o pensamientos surgidos al escuchar al Buen Pastor hoy:

## Semana 1, Día 5
## La puerta de las ovejas

El Buen Pastor juega varios papeles en la vida de Sus ovejas.

¿Qué quiere decir que es la puerta de las ovejas (Jn. 10:7, 9)?

Vamos a volver a leer esa porción de Juan 10:7-10 (NVI).

⁷ Entonces Jesús les dijo de nuevo: En verdad, en verdad os digo: yo soy la puerta de las ovejas. ⁸ Todos los que vinieron antes de mí son ladrones y salteadores, pero las ovejas no les hicieron caso. ⁹ Yo soy la puerta; si alguno entra por mí, será salvo; y entrará y saldrá y hallará pasto. ¹⁰ El ladrón sólo viene para robar y matar y destruir; yo he venido para que tengan vida, y para que la tengan en abundancia.

Una traducción alternativa del versículo 9 es "… quien entra por mí estará seguro…"

Esta traducción alternativa de Jesús como la puerta de las ovejas no niega ni rechaza Su papel como nuestro Salvador, mediador, y el camino a Dios. Juan 14:6 y muchos otros versículos nos declaran claramente que no podemos llegar al Padre, ni entrar al reino, sin el Hijo. Sin embargo, vamos a abrir los oídos de entendimiento para explorar otra ilustración de Jesús como la puerta de las ovejas.

¿Cuál es el propósito de una puerta?

¿A quién prohíbe la entrada?

¿A quién mantiene salvo y seguro?

¿Qué tiene que ver la descripción del Buen Pastor como puerta para las ovejas con Su deseo de darnos una vida abundante?

Otras notas, dibujos, o pensamientos surgidos al escuchar al Buen Pastor hoy:

# Semana 1, Día 6
# Las palabras de vida del Gran YO SOY

En Juan 10, ya hemos visto dos de las proclamaciones de Jesús como el YO SOY: el Buen Pastor y la puerta de las ovejas. Hoy, vamos a escuchar a las otras descripciones del Gran YO SOY en Juan.

Lee cada pasaje tres veces.

- Toma un momento para reflexionar y meditar en cada uno.
- Dibuja algo al lado de cada versículo como recordatorio de esa característica de Jesús, el Buen Pastor.
- Selecciona uno de los versículos y escríbelo en una ficha, mándalo como mensaje a alguien, o busca una manera de resaltarlo.

Juan 6:35 (LBLA)

[35] Jesús les dijo: Yo soy el pan de la vida; el que viene a mí no tendrá hambre, y el que cree en mí nunca tendrá sed.

Juan 8:12 (LBLA)

[12] Jesús les habló otra vez, diciendo: Yo soy la luz del mundo; el que me sigue no andará en tinieblas, sino que tendrá la luz de la vida.

Juan 11:25-26 (LBLA)

²⁵ Jesús le dijo: Yo soy la resurrección y la vida; el que cree en mí, aunque muera, vivirá, ²⁶ y todo el que vive y cree en mí, no morirá jamás. ¿Crees esto?

Juan 14:6 (LBLA)

⁶ Jesús le dijo: Yo soy el camino, y la verdad, y la vida; nadie viene al Padre sino por mí.

Juan 15:1, 5 (NVI)

¹ Yo soy la vid verdadera, y mi Padre es el labrador.
⁵ Yo soy la vid y ustedes son las ramas. El que permanece en mí, como yo en él, dará mucho fruto; separados de mí no pueden ustedes hacer nada.

¿Cuál de esas descripciones características del Buen Pastor necesitabas escuchar más hoy y por qué ésa?

¿Y qué te está diciendo el Buen Pastor a través de ese recordatorio vívido de quién es Él? Puedes escribir tu respuesta, dibujarla, o compartirla verbalmente con otros.

# Semana 1, Día 7
## Escuchando la voz del Buen Pastor

"YO SOY EL BUEN PASTOR,
Y CONOZCO MIS OVEJAS
Y LAS MÍAS ME CONOCEN."

JUAN 10:14

Toma un momento para meditar en este versículo. Puedes colorear el dibujo o hacer tu propio dibujo. Vuelve a escribir el versículo en tu propia letra. Pasa un tiempo en los brazos del Buen Pastor, escuchando Su voz. También puedes apuntar sobre lo que escuchas.

## Reflexiones Semanales

# Semana 1: **Escuchando al Buen Pastor**

Cada semana, al reunirnos, vamos a compartir las maneras en las que hemos escuchado, lo que hemos escuchado y cómo podemos animarnos e inspirarnos a seguir escuchando. Hemos dedicado un tiempo todos los días para escuchar a Dios, y ahora dedicaremos un tiempo para escucharnos las unas a las otras.

Haremos las siguientes dos preguntas todas las semanas:

1) ¿Qué has escuchado del Buen Pastor esta semana?

2) ¿Cuál actividad te llamó más la atención? ¿Y por qué ésa?

Basado en lo que hemos escuchado, vamos a compartir en los Elementos Comunes (una manera del Ministerio Hermana Rosa de Hierro para hacer cualquier lección, enseñanza, o reflexión muy personal y práctica). Los Elementos Comunes nos ayudan a enfocarnos en lo que específicamente hemos oído y nos guían a ponerlo en práctica, todo en el contexto de la comunidad. Además, sirven como un diario espiritual. Por lo tanto, te animo a anotar la fecha y volverlos a ver de vez en cuando para darte cuenta del crecimiento.

Las respuestas de cada mujer serán distintas porque escuchamos cosas diferentes y enfrentamos batallas espirituales únicas en un momento dado. Sin embargo, podemos animarnos a crecer y florecer en esas áreas, eliminar espinas que inhiben ese crecimiento, y servir como hierro afilando a hierro las unas para las otras en esas áreas.

## Elementos Comunes

Fecha _____

🌹 Una manera en la que quieras crecer o florecer.

_____

_____

~~~ Una espina que desees eliminar.

_____

_____

Un elemento que quieras profundizar o un área en la que necesitas a alguien como afiladora en tu vida. (¿Cómo podemos nosotras, como grupo, animarte a seguir escuchando o poner en práctica lo que has oído?)

_____

_____

Un mensaje de esperanza, una palabra animadora, o un versículo bíblico del tiempo de escuchar.

_____

_____

Cierra cada semana con un tiempo de oración dándole gracias a Dios por lo que han escuchado, y llevando a Dios las peticiones compartidas por los Elementos Comunes. Es una oportunidad de unirnos en una sola voz en las luchas, regocijarnos en las victorias, y seguir escuchando a Dios y las unas a las otras.

Semana 2: Escuchando al Creador

# Semana 2, Día 1
# Los cielos proclaman...

Salmo 19:1 (NTV)

**Los cielos proclaman la gloria de Dios
y el firmamento despliega la destreza de sus manos.**

La voz profunda de un trueno; la promesa en un arcoíris; la majestad de las montañas; el balbuceo del arroyo. La autoridad en el rugir del león; el chirrido de un grillo; el aleteo silencioso de la mariposa; las aves bailando en la primavera. La suave caída de la nieve; el estruendo poderoso de las olas; la transformación colorida de las hojas en el otoño; y el brillo de los púrpuras y los naranjas en el atardecer.

La voz de Dios grita a través de estas y muchas otras facetas de la naturaleza.

¿Qué aspecto de la naturaleza te habla más?


¿Qué te dice Dios con esa demostración de Su creatividad?

*La complejidad de la creación exige un creador. Y por la creación, nos invita a una relación con y un aprecio por nuestro Creador.*

Si hay un tiempo específico en el que te sentiste muy cerca de Dios a través de la naturaleza, reflexiona sobre ese momento y recuerda las verdades que aprendiste sobre Él en esa experiencia.

Sea que vivas en una ciudad grande o en un pueblito, toma un momento hoy para unirte con Dios en la creación. Puedes mirar a las estrellas por la noche, comer el almuerzo debajo de un árbol, caminar un poco, u observar la lluvia que cae en la ventana.

¿Qué te está diciendo el Creador hoy? ¿Y cómo puedes compartirlo con otros?

Lucas 19:40 (NTV)

**Jesús les respondió:**
—Si ellos se callaran, las piedras a lo largo del camino se pondrían a aclamar.

Otras notas, dibujos, o pensamientos surgidos al escuchar al Creador hoy:

# Semana 2, Día 2
# Escuchando al Creador a través de Su creación suprema

"En el principio creó Dios los cielos y la tierra" (Gen. 1:1) y durante los próximos cinco días, el Creador creó lo más maravilloso y asombroso, cosas en las que reflexionamos ayer. Cada aspecto de Su creación proclama Su gloria. Y no somos la excepción.

El Creador dejó para el final las dos mejores creaciones. Formó el hombre del polvo de la tierra, dándole vida de Su propio suspiro. Y luego formó a la mujer de la costilla del hombre (Gen. 1:26-27, 31; 2:18-25).

La complejidad del cuerpo humano es una maravilla. Definitivamente afirma el diseño de un creador. Y somos distintos a los animales en la parte más fascinante: nuestras mentes. Es impresionante cómo se forman nuestros cerebros, aprendemos una lengua, nos comunicamos, pensamos, procesamos, resolvemos, deseamos, soñamos, y cumplimos con las funciones diarias.

El salmista dijo en Salmo 139:13-16 (LBLA):

[13] Porque tú formaste mis entrañas;
me hiciste en el seno de mi madre.
[14] Te alabaré, porque asombrosa y maravillosamente he sido hecho; maravillosas son tus obras,
y mi alma lo sabe muy bien.
[15] No estaba oculto de ti mi cuerpo,
cuando en secreto fui formado,
y entretejido en las profundidades de la tierra.
[16] Tus ojos vieron mi embrión,
y en tu libro se escribieron todos

los días que me fueron dados,
cuando no existía ni uno solo de ellos.

Una contemplación de las maravillas del cuerpo humano afirma lo asombroso de nuestro Creador. Es más, nuestras propias palabras pueden servir como instrumento, usado por Él, para proclamar Su gloria y compartir Su mensaje.

Considera los siguientes versículos y cómo representan una oportunidad para servir como la voz de Dios a otros que están escuchando.

Efesios 5:19-20 (NVI)

**<sup>19</sup> Anímense unos a otros con salmos, himnos y canciones espirituales. Canten y alaben al Señor con el corazón, <sup>20</sup> dando siempre gracias a Dios el Padre por todo, en el nombre de nuestro Señor Jesucristo.**

Marcos 16:15 (LBLA)

**<sup>15</sup> Y les dijo: Id por todo el mundo y predicad el evangelio a toda criatura.**

Efesios 4:15-16 (LBLA)

**<sup>15</sup> sino que hablando la verdad en amor, crezcamos en todos los aspectos en aquel que es la cabeza, es decir, Cristo, <sup>16</sup> de quien todo el cuerpo (estando bien ajustado y unido por la cohesión que las coyunturas proveen), conforme al funcionamiento adecuado de cada miembro, produce el crecimiento del cuerpo para su propia edificación en amor.**

¿Qué te está diciendo el Creador hoy con estos versículos?

¿Estás dispuesta a ser Su instrumento para que otro Le escuche? ¿Y estás abierta a escuchar Su voz a través de otro?

Una última reflexión de estudio adicional y el escuchar: ¿Cómo discernimos si lo que alguien dice es de Dios o no? (Hch. 17:11; 1 Jn. 4:1-6)

Otras notas, dibujos, o pensamientos surgidos al escuchar al Creador hoy:

## Semana 2, Día 3
## Dios escuchó primero

Hechas a la imagen de Dios, fuimos diseñadas para estar en relación. Y nuestro Creador modeló esa relación, comenzando en el jardín de Edén.

Conocemos la historia de la caída del hombre: entró el pecado al mundo cuando Adán y Eva desobedecieron el mandato de Dios. Hoy, vamos a enfocarnos en la interacción y la relación entre el Creador y el creado, vistas en los siguientes cuatro versículos.

Lee Génesis 3:8-11 (RV95) abajo.

⁸ Luego oyeron la voz de Jehová Dios que se paseaba por el huerto, al aire del día; y el hombre y su mujer se escondieron de la presencia de Jehová Dios entre los árboles del huerto. ⁹ Pero Jehová Dios llamó al hombre, y le preguntó:
—¿Dónde estás?
¹⁰ Él respondió:
—Oí tu voz en el huerto y tuve miedo, porque estaba desnudo; por eso me escondí.
¹¹ Entonces Dios le preguntó:
—¿Quién te enseñó que estabas desnudo? ¿Acaso has comido del árbol del cual yo te mandé que no comieras?

Describe lo que Adán y Eva escucharon (v. 8).

¿Cómo crees que reaccionaron al mismo sonido antes de ese día?

¿Por qué se escondieron esa vez (v. 10)?

¿Nos escondemos cuando no queremos oír lo que sabemos que debemos escuchar?

¿Qué crees que esperaron escuchar Adán y Eva de la voz de Dios ese día?

¿Qué dijo Dios?

¿Pero no es que Dios ya sabía la respuesta?

Después de que Adán le contesta la primera pregunta, Dios vuelve a hacer una pregunta de la cual ya conoce la respuesta (v. 11). ¿Por qué?

El escuchar se trata de una relación. Nuestro Creador anhela estar en relación con nosotras. Quiere que Le escuchemos (una práctica que estamos aprendiendo), pero también nos quiere escuchar. Es el compartir de una relación.

Hoy, aunque Dios ya sabe lo que hay en tu corazón, te animo a conversar con Él en oración.

*Habla con el Creador. Permite que Él te escuche. Y toma tu turno para escucharle también.*

Otras notas, dibujos, o pensamientos surgidos al escuchar al Creador hoy:

## Semana 2, Día 4
## El alfarero crea una obra maestra

El Creador no ha terminado Su trabajo. El siguiente poema fue una canción sencilla que aprendí como niña en una escuela dominical. Te animo a reflexionar en la letra del poema y en el versículo abajo, al colorear o dibujar en la próxima página, la mano del Alfarero.

> *"Él sigue trabajando en mí,*
> *Para hacerme lo que debo ser.*
> *Tomó una semana en las estrellas,*
> *La luna, el sol y la tierra.*
> *Cuán amable y paciente debe ser...*
> *Como sigue trabajando en mí."*

*Mas ahora, oh Señor, tú eres nuestro Padre, nosotros el barro, y tú nuestro alfarero; obra de tus manos somos todos nosotros.*

*Isaías 64:8*

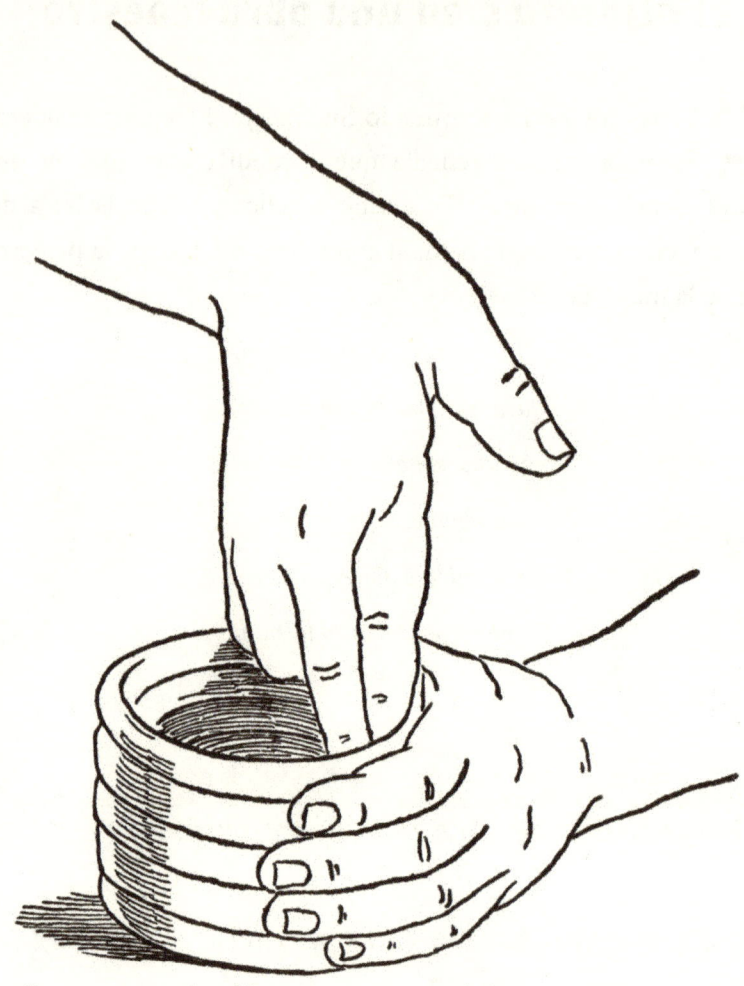

*¿Es acaso el alfarero como el barro, para que lo que está hecho diga a su hacedor: Él no me hizo; o lo que está formado diga al que lo formó: Él no tiene entendimiento?*

*Isaías 29:16b*

# Semana 2, Día 5
# El Creador está a cargo.
# Tiene todo bajo control.

El Creador comenzó todo, pero no soltó todo para que se Le saliera de control. Él sigue en control, es un Dios vivo y activo que tiene todo a Su cargo.

Para meditar en esta verdad hoy y escuchar la voz del Creador, vamos a tomar los pasos de la disciplina espiritual llamada *Lectio Divina*.[1] Esta disciplina se puede practicar con cualquier porción de las Escrituras.

Antes de comenzar, pasa un tiempo en silencio, preparando tu mente para escuchar lo que Dios te quiere decir a través de este pasaje. Hoy, vamos a prestar atención para escuchar lo que nos dice el Creador por medio de Su Palabra.

Los versículos escogidos (Mt. 6:25-34, NVI, para hoy) se leen cuatro veces seguidas. Cada una de las veces, te haces una pregunta distinta y tomando un tiempo de silencio entre ellas.

1. *Lee* los versículos, escuchando por una palabra o frase que se te resalte. Repite la palabra varias veces sin pensar mucho en esa frase.
2. *Reflexiona* o medita sobre la palabra o la frase al leer los versículos por segunda vez. Puedes preguntar, "Qué está pasando en mi vida para que esta palabra se me haga más llamativa hoy?"

---

[1] Porciones tomadas de Ritmos sagrados, escrito por Ruth Haley Barton y La celebración de la disciplina por Richard Foster.

3. **Responde.** ¿Hay una invitación o un desafío al cual Dios te está llamando? ¿Cuál es tu respuesta a esa invitación? Quizás ese versículo ha tocado un lugar de dolor, frustración, o ira. Podemos expresar esos sentimientos a Dios en la seguridad que Él ofrece en ese momento de comunión, y en oración.
4. Cuando ya se nos ha revelado la respuesta, leemos los versículos una vez más, en **contemplación**, para descansar en Dios y afirmar nuestro compromiso de caminar con Él en nuestra vida diaria, inspiradas y animadas por la palabra o frase que escuchamos a través de este ejercicio.

## Mateo 6:25-34 (NVI)

[25] »Por eso les digo: No se preocupen por su vida, qué comerán o beberán; ni por su cuerpo, cómo se vestirán. ¿No tiene la vida más valor que la comida, y el cuerpo más que la ropa? [26] Fíjense en las aves del cielo: no siembran ni cosechan ni almacenan en graneros; sin embargo, el Padre celestial las alimenta. ¿No valen ustedes mucho más que ellas? [27] ¿Quién de ustedes, por mucho que se preocupe, puede añadir una sola hora al curso de su vida?

[28] »¿Y por qué se preocupan por la ropa? Observen cómo crecen los lirios del campo. No trabajan ni hilan; [29] sin embargo, les digo que ni siquiera Salomón, con todo su esplendor, se vestía como uno de ellos. [30] Si así viste Dios a la hierba que hoy está en el campo y mañana es arrojada al horno, ¿no hará mucho más por ustedes, gente de poca fe? [31] Así que no se preocupen diciendo: "¿Qué comeremos?" o "¿Qué beberemos?" o "¿Con qué nos vestiremos?" [32] Los paganos andan tras todas estas cosas, pero el Padre celestial sabe que ustedes las necesitan. [33] Más bien, busquen primeramente el reino de Dios y su justicia, y todas estas cosas les serán añadidas. [34] Por lo tanto, no se angustien por el mañana, el cual tendrá sus propios afanes. Cada día tiene ya sus problemas.

Otras notas, dibujos, o pensamientos surgidos al escuchar al Creador hoy:

## Semana 2, Día 6
## La voz suave del murmullo susurrado

Escuchamos a lo que queremos escuchar. Pero ¿qué pasa cuando el mensaje se presenta de una forma distinta a la que esperábamos?

Eso le pasó a Elías cuando se escondió en una cueva. Estuvo deprimido y desanimado porque Jezabel le estaba persiguiendo. Corrió por su vida. Y ese momento de esconderse en la cueva pasó justo después de que había sido testigo de una gran demostración del poder de Dios contra los profetas de Baal en el Monte Carmelo (1 Reyes 18:20-40).

Lee 1 Reyes 19:9-18.

*Un suave murmullo; un sonido; un silencio finito; una voz susurrada.*

A los traductores de la Biblia, les cuesta interpretar la voz y la presencia de Dios ese día. Cómo fuera que le haya venido, de la manera que Elías nos la pudiera describir, él *sabía* con certeza que Dios le estaba hablando. Y después de todo lo que había ocurrido en los días anteriores y la corredera que echó para llegar a la cueva, por fin estaba listo para escuchar.

En vez de enfocarnos en lo que Dios le dijo a Elías ese día, vamos a seguir su ejemplo y **escuchar al Creador en el silencio.**

Pasa al menos cinco minutos en silencio completo. Pon un temporizador, quizás en el teléfono para que no estés enfocada en cuánto tiempo te falta.

Tus pensamientos, tu familia, y otras distracciones hacen difícil este ejercicio. Pero cada vez que el "ruido" amenaza con interrumpir, repite: "Estoy escuchando al suave murmullo susurrado."

No les voy a compartir más de mis ideas. No les doy más instrucciones para la práctica de hoy. Yo, también, estoy escuchando al suave murmullo susurrado.

Notas, dibujos, o pensamientos surgidos al escuchar la voz suave del murmullo susurrado:

# Semana 2, Día 7
# El Creador descansó

Ayer, reflexionamos en el silencio. Hoy, vamos a contemplar el descanso.

Génesis 2:2-3 (NVI)

² Al llegar el séptimo día, Dios descansó
porque había terminado la obra que había emprendido.
³ Dios bendijo el séptimo día, y lo santificó,
porque en ese día descansó de toda su obra creadora.

Siguiendo el ejemplo del Creador, y el mandamiento en Éxodo 20:8-11, se nos manda a descansar como una celebración de una obra bien hecha.

Sin embargo, Deuteronomio presenta otra faceta del descanso que se conecta con nuestro enfoque en el escuchar.

Y aunque no vemos el mandato específico sobre el día de reposo en el Nuevo Testamento, ni una instrucción directa de guardar el séptimo día, el espíritu y los propósitos del día de reposo siguen. Es ese concepto que vamos a explorar hoy. Los judíos, maestros de la ley, habían perdido el sentido y el espíritu del día de reposo, mandado por Dios. Pero creo que podemos revivirlo un poco hoy.

Éxodo 20:8-11 (NVI)

⁸ Acuérdate del sábado, para consagrarlo. ⁹ Trabaja seis días, y haz en ellos todo lo que tengas que hacer, ¹⁰ pero el día séptimo será un día de reposo para honrar al Señor tu Dios. No hagas en ese día ningún trabajo, ni tampoco tu hijo, ni tu hija, ni tu esclavo, ni tu esclava, ni tus animales, ni tampoco los extranjeros que vivan en tus ciudades. ¹¹ Acuérdate de que en seis días hizo el Señor los cielos y la tierra, el mar y todo lo que hay en ellos, y

que descansó el séptimo día. Por eso el Señor bendijo y consagró el día de reposo.

Según el pasaje en Éxodo, ¿por qué a los israelitas se les mandó descansar (v. 11)?

Ahora vamos a ver la versión de las instrucciones para el día de reposo en Deuteronomio 5:12-15 (NVI).

¹² Observa el día sábado, y conságraselo al Señor tu Dios, tal como él te lo ha ordenado. ¹³ Trabaja seis días, y haz en ellos todo lo que tengas que hacer, ¹⁴ pero observa el séptimo día como día de reposo para honrar al Señor tu Dios. No hagas en ese día ningún trabajo, ni tampoco tu hijo, ni tu hija, ni tu esclavo, ni tu esclava, ni tu buey, ni tu burro, ni ninguno de tus animales, ni tampoco los extranjeros que vivan en tus ciudades. De ese modo podrán descansar tu esclavo y tu esclava, lo mismo que tú. ¹⁵ Recuerda que fuiste esclavo en Egipto, y que el Señor tu Dios te sacó de allí con gran despliegue de fuerza y de poder. Por eso el Señor tu Dios te manda observar el día sábado.

Enfocándonos en el versículo 15, ¿por qué mandó a los israelitas a descansar? ¿Cuál era el propósito del descanso?

En Éxodo, descansaron del trabajo (al final de la semana). En Deuteronomio, descansaron en preparación para el trabajo (un momento para recordar la fidelidad de Dios, cómo les rescató y les proveyó; una preparación mental y espiritual para la semana por venir).

El Creador descansó. Y nos dio dos propósitos distintos para nuestro descanso. Nos dejó el ejemplo y el mandato. Podemos ver el descanso como un regalo, no sólo una recompensa.

¿Qué te está diciendo el Creador sobre el descanso?


Otras notas, dibujos, o pensamientos surgidos al escuchar al Creador:

## Reflexiones semanales

## Semana 2: **Escuchando al Creador**

Cada semana, al reunirnos, vamos a compartir las maneras en las que hemos escuchado, lo que hemos escuchado y cómo podemos animarnos e inspirarnos a seguir escuchando. Hemos dedicado un tiempo todos los días para escuchar a Dios, y ahora dedicaremos un tiempo para escucharnos las unas a las otras.

Haremos las dos siguientes preguntas todas las semanas:

1) ¿Qué has escuchado del Creador esta semana?

2) ¿Cuál actividad te llamó más la atención? ¿Y por qué ésa?

Basado en lo que hemos escuchado, vamos a compartir en los Elementos Comunes (una manera del Ministerio Hermana Rosa de Hierro para hacer cualquier lección, enseñanza, o reflexión muy personal y práctica). Los Elementos Comunes nos ayudan a enfocarnos en lo que específicamente hemos oído y nos guían a ponerlo en práctica, todo en el contexto de la comunidad. Además, sirven como un diario espiritual. Por lo tanto, te animo a anotar la fecha y volverlos a ver de vez en cuando para reconocer el crecimiento.

Las respuestas de cada mujer serán distintas porque escuchamos cosas diferentes y enfrentamos batallas espirituales únicas en un momento dado. Sin embargo, podemos animarnos a crecer y florecer en esas áreas, eliminar espinas que inhiben ese crecimiento, y servir como hierro afilando a hierro las unas para las otras en esas áreas.

## Elementos Comunes

Fecha _____

Una manera en la que quieras crecer o florecer.

_____

_____

Una espina que desees eliminar.

_____

_____

Un elemento que quieras profundizar o un área en la que necesitas a alguien como afiladora en tu vida. (¿Cómo podemos nosotras, como grupo, animarte a seguir escuchando o poner en práctica lo que has oído?)

_____

_____

Un mensaje de esperanza, una palabra animadora, o un versículo bíblico del tiempo de escuchar.

_____

_____

Cierra cada semana con un tiempo de oración dándole gracias a Dios por lo que han escuchado, y llevando a Dios las peticiones compartidas por los Elementos Comunes. Es una oportunidad de unirnos en una sola voz en las luchas, regocijarnos en las victorias, y seguir escuchando a Dios y las unas a las otras.

## Semana 3: Escuchando al Padre

# Semana 3, Día 1
# Escuchando por la Palabra

Esta semana, vamos a escuchar a Dios, el Padre. ¿Podemos escuchar al Padre sin ir primero a Su Palabra?

Al escuchar a y por la voz de Dios, vamos a recordar las siguientes verdades:

Isaías 40:8 (NVI)

[8] La hierba se seca y la flor se marchita,
pero la palabra de nuestro Dios
permanece para siempre.

2 Pedro 1:20-21 (NVI)

[20] Ante todo, tengan muy presente que ninguna profecía de la Escritura surge de la interpretación particular de nadie. [21] Porque la profecía no ha tenido su origen en la voluntad humana, sino que los profetas hablaron de parte de Dios, impulsados por el Espíritu Santo.

Anhela instruirnos si le escuchamos...

2 Timoteo 3:16-17 (NVI)

[16] Toda la Escritura es inspirada por Dios y útil para enseñar, para reprender, para corregir y para instruir en la justicia, [17] a fin de que el siervo de Dios esté enteramente capacitado para toda buena obra.

Salmo 85:8 (LBLA)

⁸Escucharé lo que dirá Dios el Señor,
porque hablará paz a su pueblo, a sus santos;
pero que no vuelvan ellos a la insensatez.

Para la actividad de hoy, escuchando a la Palabra, escoge uno de los versículos anotados arriba (u otro versículo que te gusta) y escríbelo tres veces. Aquí hay unas opciones e ideas de cómo puedes escribirlos:

1) Anótalo en una ficha y colócala en la cartera, el carro, o el baño (un lugar donde la verás frecuentemente y así escucharás al Padre por Su Palabra).
2) Dibuja tu interpretación del versículo.
3) Busca el mismo versículo en otra versión de la Biblia y escríbela.
4) Inserta tu nombre en el versículo como una oración.
5) Canta el versículo.
6) Otra idea que tengas para escuchar al Padre por Su Palabra.

## Semana 3, Día 2
## Escucha a Él por quien es, no sólo por lo que dice

Quédate quieta y reconoce que Él es Dios.

Cesa de esforzarte.

Deja de luchar.

Salmo 46:10 expresa cada uno de estos sentimientos en diferentes versiones del salmo.

Dios está en control. Y si nos quedamos quietos, cesamos el esfuerzo, y dejamos de luchar, sabremos y recordaremos que Él es Dios.

Sin embargo, mi espíritu está lejos de ese conocimiento. Me siento ansiosa. Cuestionando. Dudosa.

Concentrada en escuchar la voz del Padre, me molestan algunos aspectos de lo que escucho. ¿He estado tan enfocada en mis propios pensamientos, impulsada por mis propios deseos y una interpretación de lo que creo que es la voluntad de Dios para mi vida, que he dejado de escuchar?

Henri Nouwen dijo, "Qué triste que el pensar muchas veces cesa nuestras oraciones."

Y la oración es tanto el escuchar como el hablar.

Así que me quedaré quieta. Dejaré de esforzarme. Voy a dejar de luchar la batalla dentro de mí misma. Y reconoceré que Él es Dios.

La mayoría de Uds. saben que a mí me fascinan los idiomas. Confieso a muchos que el español es mi pasión académica y me encanta poder explorar otras culturas a través de su uso del idioma.

Hay algunas palabras que se expresan mejor en una lengua que en otra. Y hay algunas palabras que ni intentamos decir en nuestra propia lengua, sino que tomamos las palabras como préstamos de otros idiomas, como el "blue-jean" o el "jonrón."

Vamos a ver una palabra hebrea y luego dos palabras en el mismo español que nos ayudan a escuchar a Dios y llegarle a conocer.

Observa la diferencia en las interpretaciones de las traducciones de este versículo en Éxodo 14:14.

Éxodo 14:14 (LBLA)

**¹⁴ El Señor peleará por vosotros mientras vosotros os *quedáis callados*.**

Éxodo 14:14 (NVI)

**¹⁴ Ustedes *quédense quietos*, que el Señor presentará batalla por ustedes.**

Sin palabras. Y sin movimiento. La palabra hebrea utiliza una sola palabra para ese concepto: *charash*. ¿Qué relación tiene el estar callada y estar quieta?

Habiendo presentado la relación entre el estar callada y estar quieta para escuchar y conocer a Dios, les quiero resaltar la diferencia entre saber y conocer.

*Sabemos* algo, como los datos, los hechos, o la información. Pero *conocemos* algo o a alguien personalmente. Es un conocimiento más íntimo.

Si hicieras una lista de las primeras diez características de Dios, ¿cómo sería?

Muchas darían la respuesta de la escuela dominical y tendrían toda la razón en su descripción de Dios. Sin embargo, hay una diferencia entre decir que sabemos algo de Dios y que Le conocemos íntimamente por la relación que tenemos con Él o las experiencias que hemos tenido.

Sé que Dios es el autor de la Biblia, pero ¿conozco la Palabra viva de Dios?

Sé que Dios es bueno, pero ¿conozco Su bondad?

Puede ser que sepa muchas cosas de Dios, pero ¿estoy caminando con Él y en relación íntima con Él para conocerle más?

Ya que hemos profundizado los conceptos de "quedarse quieta" y "reconocer" o "saber," ¿cómo puedes "quedarte quieta y reconocer o saber que Él es Dios" hoy?

Otras notas, dibujos, o pensamientos al escuchar al Padre:

# Semana 3, Día 3
# Escuchando por mi nombre

Llena los siguientes espacios en blanco:

Me emociona escuchar mi nombre cuando _____.

No me gusta escuchar mi nombre cuando _____.

Juan 10:3 (NVI)

**³ El portero le abre la puerta, y las ovejas oyen su voz. Llama por nombre a las ovejas y las saca del redil.**

Mi mamá tiene un nombre único. No hay mucha gente que se llama Jocelynn y si se llama así, es poco probable que lo deletree con doble N al final. Cuando escuchamos su nombre, volteamos pensando que es en referencia a mi mamá. Conocemos su nombre y sonreímos cuando lo escuchamos.

Mi nombre no es tan único. En un retiro familiar en Cochabamba, Bolivia, había tres Michelle presentes: una niña, una adolescente, y mi persona. Obviamente, la niña fue la más llamada, pero volteé a ver cada vez que la llamaron. Todas. Las. Veces.

Y dado que Michelle no es un nombre único, no debería de sorprenderme cuando haya más de una Michelle presente.

La ocasión más cómica de la confusión de nombres fue cuando estuve en Bogotá, Colombia, un domingo. Hay un hermano allí que se llama Michel (Michael o Miguel en francés, pero pronunciado igual a cómo se pronuncia mi nombre). Así que cuando anunciaron que Michel iba a dirigir los cantos esa mañana para el culto de adoración, me quedé asombrada y asustada, hasta que me acordé que no era la única "Michel" entre los asistentes.

Dejando de lado mi momento de pánico en Colombia, o la única vez que me llamaron a la oficina del director de la escuela cuando era niña, a la mayoría nos gusta cuando nos llaman por nuestro nombre. Aunque reconozco que a las introvertidas quizás jamás les guste ser llamada por su nombre...

Pero, para bien o para mal, nuestro nombre forma parte de quien somos, y es cómo somos conocidos. Sea un apodo o el nombre cristiano que te dieron tus padres, es parte de tu identidad.

Muchos le han preguntado a mi papá si le entristece saber que no va a seguir la herencia de su apellido dado que somos cuatro hijas, puras mujeres. Sabiamente, les responde que el nombre que más le importa que llevemos es el de Cristo. Que sea ése nombre el que pasemos a las siguientes generaciones como herencia.

Con Dios como nuestro Padre, es Su nombre el que es más importante.

Romanos 8:14-17 (NVI)

[14] Porque todos los que son guiados por el Espíritu de Dios son hijos de Dios. [15] Y ustedes no recibieron un espíritu que de nuevo los esclavice al miedo, sino el Espíritu que los adopta como hijos y les permite clamar: «¡Abba! ¡Padre!» [16] El Espíritu mismo le asegura a nuestro espíritu que somos hijos de Dios. [17] Y, si somos hijos, somos herederos; herederos de Dios y coherederos con Cristo, pues, si ahora sufrimos con él, también tendremos parte con él en su gloria.

Efesios 1:3-6 (NVI)

[3] Alabado sea Dios, Padre de nuestro Señor Jesucristo, que nos ha bendecido en las regiones celestiales con toda bendición espiritual en Cristo. [4] Dios nos escogió en él antes de la creación del mundo,

para que seamos santos y sin mancha delante de él. En amor ⁵nos predestinó para ser adoptados como hijos suyos por medio de Jesucristo, según el buen propósito de su voluntad, ⁶para alabanza de su gloriosa gracia, que nos concedió en su Amado.

1 Pedro 1:2 (NTV)

²Dios Padre los conocía y los eligió desde hace mucho tiempo, y su Espíritu los ha hecho santos. Como resultado, ustedes lo obedecieron y fueron limpiados por la sangre de Jesucristo.

¿Qué significa que el Padre te llame por tu nombre?

¿Cómo te sientes al saber que Él te escogió?

¿Qué responsabilidad tenemos como hijas de Dios, llevando Su nombre?

Otras notas, dibujos, o pensamientos al escuchar al Padre:

# Semana 3, Día 4
# Escuchar claramente; Así que escucho

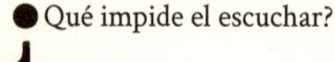¿Qué impide el escuchar?

Para mí, uno de los mayores impedimentos es mis propios pensamientos...

*Así que escucho.*

Mis oraciones se han transformado de una combinación desorientada de palabras a momentos de silencio, escuchando a lo que Dios habla a mi corazón. Me he dado cuenta del valor de estar en la presencia del Señor en vez de siempre sentir que tengo que decir algo, o que necesito las palabras perfectas para expresar lo que tengo en mente.

*Así que escucho Su corazón.*

Después de varios años de amistad, mientras estuvimos de viaje en el carro, un amigo me comentó, "Me contenta que ya hayamos llegado al punto en la relación en el que ya no tenemos que llenar el silencio con comentarios. Estamos cómodos el uno con el otro y nos es suficiente pasar tiempo juntos sin decir nada."

Creo que por fin he llegado a ese punto en mi comunicación con Dios. Él tiene cosas mucho más importantes que decir que las que tengo yo. Su sabiduría es infinita. Sus pensamientos no son los míos ni Sus caminos son los míos (Is. 55:8-9), pero anhelo alinear los míos con los Suyos.

*Así que escucho Su sabiduría.*

La expresión desesperada de mis necesidades no llega a la plenitud ni a la profundidad de la provisión de Dios. El coro de mis oraciones, cuando soy honesta con mis frustraciones, vuelve al sentir, "Que no sea mi voluntad, sino la Tuya." Entonces, ¿por qué no comienzo allí?

*Así que escucho Su voluntad.*

No es que me falten las palabras. Sigo siendo una mujer extrovertida, muy habladora, siempre en búsqueda de una audiencia. Pero he notado el valor de escuchar a Dios, y lo encuentro de mayor valor que mis respuestas baratas.

*Así que escucho Su voz.*

Y porque escucho, me doy cuenta que tengo mucho más que decir, más de Sus palabras, más de Su Espíritu, más de Su corazón, Sus deseos, y Su amor.

*Así que escucho.*

Al escuchar hoy, toma una hoja en blanco. Anota lo que sea que te viene a la mente como recordatorio si es que tus pensamientos se te desvían, para que te puedas concentrar en el tiempo de oración.

Al dorso de esta página, vamos a escribir nuestra oración para hoy. Es una manera de eliminar las distracciones y escuchar más mientras oramos.

# Semana 3, Día 5
# Oídos rebeldes nos llevan a lágrimas dolorosas

A lo largo del Antiguo Testamento, escuchamos más la voz del Padre que la del Hijo o la del Espíritu Santo. Y habló, principalmente, a través de los profetas. Sin embargo, los israelitas nos dan muchos ejemplos de quienes no escucharon. O si escucharon, no obedecieron.

Cuando Dios habla por el profeta Isaías en el capítulo 48 (NVI), se dirige a "la familia de Jacob... los que llevan el nombre de Israel."

Isaías 48:8, 17-19, NVI

⁸ Nunca habías oído ni entendido;
  nunca antes se te había abierto el oído.
Yo sé bien que eres muy traicionero,
  y que desde tu nacimiento te llaman rebelde.

¹⁷ Así dice el Señor,
  tu Redentor, el Santo de Israel:
«Yo soy el Señor tu Dios,
  que te enseña lo que te conviene,
  que te guía por el camino en que debes andar.
¹⁸ Si hubieras prestado atención a mis mandamientos,
  tu paz habría sido como un río;
  tu justicia, como las olas del mar.
¹⁹ Como la arena serían tus descendientes;
  como los granos de arena, tus hijos;
su nombre nunca habría sido eliminado
  ni borrado de mi presencia.

¿Qué quiere decir Dios cuando dice que nunca habían oído ni entendido (v. 8)?

¿Cuál fue la consecuencia de no haber prestado atención a los mandamientos de Dios (v. 17-19)?

Te animo a leer todo el capítulo 48 de Isaías y ver cómo Dios expresa Su frustración con la falta de atención a Sus instrucciones. Por supuesto que no es la única vez en la que Dios nos da tal descripción de Israel.

Ezequiel 12:1-2 (NVI)

**El Señor me dirigió la palabra: ²Hijo de hombre, vives en medio de un pueblo rebelde. Tienen ojos para ver, pero no ven; tienen oídos para oír, pero no oyen. ¡Son un pueblo rebelde!**

¿Qué pasa cuando no escuchamos las enseñanzas de Dios?

¿Qué otro ejemplo bíblico te viene a la mente sobre el dolor o las consecuencias de no haber escuchado a Dios?

¿Qué ejemplos tenemos de nuestras vidas personales?

¿Cuál es la parte más importante de escuchar los mandamientos de Dios?

Mateo 7:24-27 (LBLA)

²⁴ Por tanto, cualquiera que oye estas palabras mías y las pone en práctica, será semejante a un hombre sabio que edificó su casa sobre la roca; ²⁵ y cayó la lluvia, vinieron los torrentes, soplaron los vientos y azotaron aquella casa; pero no se cayó, porque había sido fundada sobre la roca. ²⁶ Y todo el que oye estas palabras mías y no las pone en práctica, será semejante a un hombre insensato que edificó su casa sobre la arena; ²⁷ y cayó la lluvia, vinieron los torrentes, soplaron los vientos y azotaron aquella casa; y cayó, y grande fue su destrucción.

¿Cuál fue la diferencia entre el sabio y el insensato? (Nota: los dos escucharon la palabra.)

Otras notas, dibujos, o pensamientos al escuchar al Padre:

# Semana 3, Día 6
# Llamada a escuchar por el profeta Jeremías

Como alguien que se mantiene muy ocupada siempre, cuyos pensamientos siempre dan vueltas con una variedad de oficios, calendarios, agendas, compromisos, y personas, me cuesta pararme a escuchar, o estar totalmente presente en el momento y escuchar. Escuchar a Dios, a otros, y al mundo.

El libro de Jeremías tiene más referencias al tema de escuchar u oír que cualquier otro libro de la Biblia. Y es en referencia al lamento de Dios por el no escuchar de Su pueblo. No quiero ser causa del lamento del Padre. Y sé que tú tampoco lo quieres ser.

Ya has tomado la decisión de escuchar la voz del Padre estos cuarenta días de devoción. ¡Te felicito!

Lee la siguiente lista de versículos del libro de Jeremías y, al escuchar, anota:

1) Las cosas que Dios quería que los israelitas escucharan y

2) Lo que quiere que escuchemos hoy día.

*Contexto histórico: Jeremías profetizó en Judá, justo antes de que los babilonios llevaron a la nación en cautiverio.*

Jeremías 6:16-20

Jeremías 7:1-8


Jeremías 8:4-7


Jeremías 9:23-24


Jeremías 17:5-10


Jeremías 18:5-10


Jeremías 23:16-18

Jeremías 29:10-14

Jeremías 31:31-34

¿Cuál es el mensaje general que escuchas del Padre por medio de estos pasajes bíblicos?

Otras notas, dibujos, o pensamientos al escuchar al Padre:

# Semana 3, Día 7
# Los profetas → Cristo → el Espíritu

Hebreos 1:1-2 (LBLA)

Dios, habiendo hablado hace mucho tiempo, en muchas ocasiones y de muchas maneras a los padres por los profetas, ²en estos últimos días nos ha hablado por su Hijo, a quien constituyó heredero de todas las cosas, por medio de quien hizo también el universo.

Esta última semana, hemos escuchado la voz del Padre. Y en los últimos días, cómo Él habló por los profetas. La semana que viene, vamos a enfocar nuestro escuchar en la voz de Jesús, el Hijo. Y la próxima escucharemos al Espíritu Santo.

Cómo hemos visto, y cómo nos recuerda el autor de Hebreos, Dios nos habla de muchas formas, mostrando la importancia que da al escuchar y cuánto valora la comunicación en nuestra relación con Él.

Sigue el autor de Hebreos en el capítulo 2:1 (LBLA):

**Por tanto, debemos prestar mucha mayor atención a lo que hemos oído, no sea que nos desviemos.**

Reflexionando en lo que hemos escuchado en la primera mitad de los ejercicios diarios (hoy es el día 21 de 40), ¿cómo has escuchado la voz de Dios?

¿Cuál es el mensaje general y constante que has oído del Padre como Buen Pastor y Creador?

¿Cómo se ha transformado tu relación con Dios por lo que has escuchado?

¿Qué esperas escuchar en la próxima mitad de los ejercicios del escuchar?

Toma un tiempo en comunión con el Padre, dándole gracias por las muchas maneras en las que se nos ha comunicado durante toda la historia del mundo. ***Dale gracias*** por los mensajes constantes que siempre ha expresado: enuméralos, dibújalos, o celébralos en canción.

# Reflexiones semanales

## Semana 3: **Escuchando al Padre**

Cada semana, al reunirnos, vamos a compartir las maneras en las que hemos escuchado, lo que hemos escuchado y cómo podemos animarnos e inspirarnos a seguir escuchando. Hemos dedicado un tiempo todos los días para escuchar a Dios, y ahora dedicaremos un tiempo para escucharnos las unas a las otras.

Haremos las dos siguientes preguntas todas las semanas:

1) ¿Qué has escuchado del Padre esta semana?

2) ¿Cuál actividad te llamó más la atención? ¿Y por qué ésa?

Basado en lo que hemos escuchado, vamos a compartir en los Elementos Comunes (una manera del Ministerio Hermana Rosa de Hierro para hacer cualquier lección, enseñanza, o reflexión muy personal y práctica). Los Elementos Comunes nos ayudan a enfocarnos en lo que específicamente hemos oído y nos guían a ponerlo en práctica, todo en el contexto de la comunidad. Además, sirven como un diario espiritual. Por lo tanto, te animo a anotar la fecha y volverlos a ver de vez en cuando para reconocer el crecimiento.

Las respuestas de cada mujer serán distintas porque escuchamos cosas diferentes y enfrentamos batallas espirituales únicas en un momento dado. Sin embargo, podemos animarnos a crecer y florecer en esas áreas, eliminar espinas que inhiben ese crecimiento, y servir como hierro afilando a hierro las unas para las otras en esas áreas.

## Elementos Comunes

Fecha _____

Una manera en la que quieras crecer o florecer.

_____

_____

Una espina que desees eliminar.

_____

_____

Un elemento que quieras profundizar o un área en la que necesitas a alguien como afiladora en tu vida. (¿Cómo podemos nosotras, como grupo, animarte a seguir escuchando o poner en práctica lo que has oído?)

_____

_____

Un mensaje de esperanza, una palabra animadora, o un versículo bíblico del tiempo de escuchar.

_____

_____

Cierra cada semana con un tiempo de oración dándole gracias a Dios por lo que han escuchado, y llevando a Dios las peticiones compartidas por los Elementos Comunes. Es una oportunidad de unirnos en una sola voz en las luchas, regocijarnos en las victorias, y seguir escuchando a Dios y las unas a las otras.

Semana 4: Escuchando al Hijo

# Semana 4, Día 1
# Endereza el camino de bienvenida

Uno no puede escuchar bien cuando hay interferencia. Un sonido opacado crea confusión y duda sobre la claridad del mensaje.

Cuando Juan el Bautista entró en la escena, los sacerdotes y los levitas fueron enviados para preguntar quién era y qué estaba haciendo. Juan afirmó que su propósito era el cumplimiento de la profecía en Isaías, "la voz del que clama en el desierto: 'enderezad el camino del Señor'" (Jn. 1:23, LBLA).

¿Qué quiere decir enderezar el camino del Señor?

Cuando uno construye una calle normal, el camino sigue las curvas y lo torcido, las subidas y las bajadas de las montañas. Pero cuando preparan el camino para la familia real, enderezan el camino. Muevan las montañas, enderezan las curvas, y el camino se suaviza.

Cuando preparamos nuestros oídos para escuchar, ¿cómo podemos enderezar el camino para el Señor?

Una idea es de darle la bienvenida como Rey, tal como los judíos hicieron cuando Él entró en Jerusalén (Mt. 21:5-11, LBLA).

⁵ Decid a la hija de Sion:
"Mira, tu Rey viene a ti,
humilde y montado en un asna,
y en un pollino, hijo de bestia de carga."
⁶ Entonces fueron los discípulos e hicieron tal como Jesús les había mandado, ⁷ y trajeron el asna y el pollino; pusieron sobre ellos sus mantos, y Jesús se sentó encima. ⁸ La mayoría de la multitud tendió sus mantos en el camino; otros cortaban ramas de los árboles y las tendían por el camino. ⁹ Y las multitudes que iban delante de El, y las que iban detrás, gritaban, diciendo:
¡Hosanna al Hijo de David!
¡Bendito el que viene en el nombre del Señor!
¡Hosanna en las alturas!
¹⁰ Cuando El entró en Jerusalén, toda la ciudad se agitó, y decían: ¿Quién es éste? ¹¹ Y las multitudes contestaban: Este es el profeta Jesús, de Nazaret de Galilea.

En la próxima página, hay una palma con hojas en blanco y con la palabra Hosanna. Hosanna significa "adoración, alabanza o gozo." En un espíritu de alabanza y con una actitud de escuchar, vamos a soltar nuestras cargas y nuestro agradecimiento a Sus pies. En las hojas de la palma, escribe cosas por las que estás agradecida, o cargas que llevas. Imagínate presentando estas palmas delante de Él y entregándoselas. Estamos enderezando el camino; estamos abriendo el camino de nuestros corazones. Estamos eliminando obstáculos; estamos abriendo los oídos. Damos la bienvenida al Rey de Reyes como Señor de nuestras vidas y proclamador de la verdad. Bendito el que viene en el nombre del Señor.

Otros apuntes, dibujos, o pensamientos al escuchar al Hijo:

## Semana 4, Día 2
## Sólo habla lo que el Padre ha dicho/Han oído que se dice...

Jesús tenía mucho que decir. Pero sabía qué decir, cuándo decirlo, cómo decirlo, y cuándo callarse. ¡Qué sabiduría!

Juan 12:49 (LBLA)

⁴⁹ Porque yo no he hablado por mi propia cuenta, sino que el Padre mismo que me ha enviado me ha dado mandamiento sobre lo que he de decir y lo que he de hablar.

¿Cómo podía Jesús hablar sólo las palabras de Su Padre y ser claro en lo que el Padre quería que la gente escuchara?

El Hijo de Dios tenía como prioridad Su tiempo en comunicación con Su Padre. En Lucas 6:12, vemos que Jesús "se fue al monte para orar y pasó toda la noche en oración a Dios." Toda. La. Noche.

El Hijo de Dios, él que era uno con el Padre, pasó toda la noche en comunicación con Él. ¿Cómo nos refleja esto sobre la importancia de pasar tiempo hablando y escuchando al Padre?

Como los maestros de la ley, muchos caemos en la trampa de no escuchar, o de aferrarnos con terquedad a lo que pensamos que escuchamos la primera vez que lo oímos. Ellos habían perdido el espíritu de lo que Dios les había enseñado en los mandamientos. Y a lo largo del Sermón del Monte, Jesús rectifica la enseñanza errada y aclara la verdad del mensaje de Dios para Su pueblo.

"Han oído que se dice, pero yo les digo..." Había muchas cosas en las que los israelitas se habían equivocado. Y antes de condenarles, tenemos que reconocer nuestra propia confusión sobre unas enseñanzas de Dios también. Escuchamos por el filtro de nuestro entendimiento pasado o las circunstancias actuales y nos confundimos en el mensaje claro que se nos ha presentado.

Hoy, vamos a escuchar con oídos frescos al Sermón del Monte, Mateo 5-7. Imagínate sentada a los pies de Jesús en la montaña cuando primero enseñó. Lee estos capítulos y contesta las siguientes preguntas:

¿Cómo escucho las palabras de Jesús con una perspectiva nueva?

Aún si "he oído que se dice," ¿qué necesito escuchar hoy?

Notas, apuntes, dibujos, o pensamientos al escuchar al Hijo por el Sermón del Monte:

Tal como vimos en el Sermón del Monte, Jesús fue claro en Su propósito aquí en la tierra, hasta cuando lo que tenía que decir no era lo que otros querían escuchar. Considera los versículos abajo como filtros por los que medimos las palabras que hablamos. Jesús mantenía esas cosas en mente cuando habló con Su Padre y con otras personas.

Mateo 22:34-40

Mateo 26:42

Después de escuchar a estos versículos, anota arriba lo que escuchaste a Dios decir y cómo Él quiere que le comuniques esas verdades a otros, usando el ejemplo de Cristo.

## Semana 4, Día 3
## Oídos tapados por el pecado

Mis oídos estaban excelentes para escuchar. O así pensé... Cuando estaba en la universidad, me revisaron los oídos y el audiólogo me informó que mi oído no era tan bueno como había proclamado. Además, aclaró que parte de mi problema era la acumulación del cerumen en el canal del oído.

Sin saber que mis oídos estaban tapados, mi orgullo reflejaba el impedimento que el cerumen ocasionaba a mi oír. Tenía tanta confianza que mi oído estaba bien que no estaba abierta a escuchar que tenía un problema.

Los fariseos y los maestros de la ley tuvieron un problema similar. Y la advertencia y condenación más fuerte que Jesús pronuncia fue para este grupo con los oídos tapados por el pecado.

El lenguaje de Jesús en Mateo 23 es claro y sin pelo en la lengua, en Su disgusto por sus acciones y actitudes de hipocresía (v. 27-28, NVI).

**[27] ¡Ay de ustedes, maestros de la ley y fariseos, hipócritas!, que son como sepulcros blanqueados. Por fuera lucen hermosos, pero por dentro están llenos de huesos de muertos y de podredumbre. [28] Así también ustedes, por fuera dan la impresión de ser justos, pero por dentro están llenos de hipocresía y de maldad.**

Jesús se sentó y comió con los pecadores, cobradores de impuestos, y miembros de la sociedad poco-respetados, no porque eran perfectos, sino sinceros. Mejor dicho, porque ellos admitieron su condición de pecadores y no permitieron que el pecado les tapara los oídos.

La confesión es poderosa para llevar los pecados a la luz y dejar que Dios realice Su poder transformador en nuestras vidas.

La oración de hoy sobre el escuchar viene de Salmo 139:23-24 (NTV).

²³ **Examíname, oh Dios, y conoce mi corazón;**
  **pruébame y conoce los pensamientos que me inquietan.**
²⁴ **Señálame cualquier cosa en mí que te ofenda**
  **y guíame por el camino de la vida eterna.**

Al hacer esta oración hoy, imagínate visitando al Gran Médico, pidiendo que te limpie tus oídos tapados por el pecado. Pretende que eres Zaqueo (Lc. 19). Jesús se auto-invitó a tu casa para tomar un café y Su misma presencia te compunge de una forma amorosa, inspirándote a confesar y a arrepentirte.

Abajo, escribe tu propia oración, posiblemente una oración de confesión, inspirada por el ejercicio de escuchar hoy.

## Semana 4, Día 4
## Edición de letra roja

Para enfatizar la prioridad de escuchar más atentamente a las palabras del Hijo, algunas ediciones de la Biblia presentan todas las palabras habladas por Jesús en letra roja. El ejercicio de escuchar para hoy se describe como "la edición de letra roja," por eso mismo. Vamos a escuchar solamente a las palabras del Hijo.

Lee las siguientes palabras de Jesús. Demuestran Su autoridad, compasión, poder, y amor. Escucha Sus palabras como fueron habladas durante Su tiempo aquí en la tierra e imagínatelo a Él, frente a ti, pronunciando estas palabras hoy. Ya vimos los siete "YO SOY" del libro de Juan en la primera semana, así que hoy, vamos a enfocarnos en Sus palabras en los libros de Mateo, Marcos, y Lucas.

*"Hombres de poca fe, ¿por qué tienen tanto miedo?"* (Mt. 8:26)

*"Sígueme"* (Mt. 9:9).

*"¿Creen que puedo sanarlos?"* (Mt. 9:28)

*"No temas..."* (tres veces en Mt. 10:26-30)

*"Vengan a mí todos ustedes que están cansados y agobiados, y yo les daré descanso. Carguen con mi yugo y aprendan de mí, pues yo soy apacible y humilde de corazón, y encontrarán descanso para su alma. Porque mi yugo es suave y mi carga es liviana"* (Mt. 11:28-30).

*"Padre mío, si es posible, no me hagas beber este trago amargo. Pero no sea lo que yo quiero, sino lo que quieres tú"* (Mt. 26:39).

*"Estén alerta y oren para que no caigan en tentación. El espíritu está dispuesto, pero el cuerpo es débil"* (Mt. 26:41).

"*Sí, quiero. ¡Queda limpio!*" (Mc. 1:41)

"*¡Silencio! ¡Cálmate!*" (al viento y las olas, Mc. 4:39)

"*¡Hija, tu fe te ha sanado! Vete en paz y queda sana de tu aflicción*" (a la mujer que estaba sangrando por 12 años, Mc. 5:34).

"*Para el que cree, todo es posible*" (Mc. 9:23).

"*Tomen; esto es mi cuerpo. Esto es mi sangre del pacto, que es derramada por muchos*" (Mc. 14:22, 24).

"*¿Por qué me buscaban? ¿No sabían que tengo que estar en la casa de mi Padre?*" (Lc. 2:49)

"*—¡Cállate! —lo reprendió Jesús—. ¡Sal de ese hombre!*" (a un demonio, Lc. 4:35)

"*No llores*" (a una viuda que perdió a su hijo, Lc. 7:13).

"*¿Qué quieres que haga por ti?*" (Lc. 18:41)

"*Porque el Hijo del hombre vino a buscar y a salvar lo que se había perdido*" (Lc. 19:10).

"*¡Hiciste bien, siervo bueno!*" (Lc. 19:17)

"*Padre, perdónalos, porque no saben lo que hacen*" (Lc. 23:34).

¿Cuál dicho de Jesús necesitabas escuchar más hoy?

Otras notas, pensamientos, o dibujos de escuchar a las palabras del Hijo:

# Semana 4, Día 5
## Escuchar en capas

Jesús enseñó usando las parábolas. Quería que entendiéramos a un nivel más profundo y se dio cuenta que no todos estarían en el mismo punto de comprensión en el mismo momento. No entendemos todas las capas de Su enseñanza en un solo golpe.

La parábola del sembrador es un buen ejemplo del estilo de enseñar que utilizó Jesús, especialmente cómo responde a la pregunta de Sus discípulos sobre Su forma de enseñar.

Lee Mateo 13:1-23.

Ya sea la primera o decimoprimera vez de leer esta parábola, ¿qué aspecto te llama la atención hoy?

¿Cuál es la aplicación para el granjero que planta la semilla?

¿Cuál es la aplicación para nosotras como sembradoras de la semilla?

Volviendo a los versículos 10 a 17, ¿por qué enseña Jesús en parábolas?

Basado en lo que has escuchado por esta parábola hoy, ¿cuál es tu oración, en agradecimiento o petición, de tu parte y de parte de otros? Al hacer tu oración, escucha el corazón de Jesús y Su deseo, expresado en esta parábola.

Otras notas, dibujos, o pensamientos al escuchar al Hijo:

# Semana 4, Día 6
# Escuchando al pie de la cruz

Hoy, estamos escuchando por medio de la música. No importa si conoces este himno o no. Puedes reflexionar en la letra de la canción como una promesa de verdad. Para mí, este ejercicio de escuchar me impactó más cuando me imaginé cantando al pie de la cruz vacía. Y no se te olvide proclamar esta promesa, llena de verdad, a otros.

Puedes apuntar en y alrededor de la cruz en blanco que está en la página siguiente, al escuchar al Hijo, nuestro Redentor.

<u>Yo sé que existe un redentor</u>, por Fred A. Filmore

>1.- Yo sé que existe un redentor
>Y se entregó por mí
>Ofrece vida eternal
>Y salvación también.
>
>Coro:
>Yo sé, yo sé,
>Que existe un Redentor
>Yo sé, yo sé,
>Que es el Salvador
>Yo sé, yo sé,
>Que Cristo vive hoy.
>
>2.- Yo sé que mi Señor murió
>Por darnos libertad
>Yo sé, mis culpas él cargó
>En la cruz lo demostró.

3.- Yo sé que algún día vendrá
Así nos prometió
Es menester servirle fiel
Pues él recompensará.

# Semana 4, Día 7
## Se trata de la perspectiva

Cumplidos e insultos. Comentarios constructivos y quejas. Para bien o para mal, escuchamos lo que queremos escuchar, o por lo menos lo que pensamos que hemos escuchado.

Si alguien nos ofrece un cumplido, puede ser que no lo escuchamos en el espíritu que fue dicho. El tono de voz, la persona que habló, el momento, y muchos otros factores influyen en la interpretación de las palabras de la otra persona.

Filtramos el escuchar por las percepciones, las experiencias pasadas, y el entendimiento torcido. Dos personas pueden decir exactamente lo mismo, pero lo escuchamos mejor de una persona que de la otra.

También, escuchamos las cosas mejor cuando se nos presentan desde otro ángulo o resalta las cosas de una forma que entendemos mejor.

Mateo, Marcos, Lucas, y Juan hicieron eso. Cada uno compartió la historia de Jesús, pero lo hicieron pensando en diferentes audiencias y con distintas perspectivas.

¿Por qué tenemos la historia del evangelio compartido en cuatro libros distintos?

*Mateo* escribió a los judíos sobre Jesús, Mesías, el cumplimento de las profecías y Él que estableció el reino.

*Marcos* dio una versión en acción de cómo la gente se maravillaba de todo lo que hacía Jesús.

*Lucas* escogió una audiencia de los gentiles que no estaban familiarizados con las tradiciones judías, pero anhelaban escuchar otros detalles resaltados durante el tiempo de Jesús en la tierra.

*Juan* se enfocó más en quién era Jesús y todo lo que representaba como el gran YO SOY, la Palabra hecha carne que habitó entre nosotros.

**Cada uno de los cuatro evangelios provee una vista única de Jesús y Su tiempo en carne viva.** En diferentes momentos de mi vida, una u otra perspectiva me ha hablado más que la otra.

Un miembro del grupo pequeño para estudio bíblico comparó los cuatro evangelios con cuatro rompecabezas. Cada uno demuestra una representación distinta de Jesús y si trataras de poner la pieza de un rompecabezas en el cuadro de otro rompecabezas, no funcionaría.

Juan presenta un enfoque más temático que cronológico, por ejemplo. Y dado que Lucas está hablando con los gentiles y Mateo a los judíos, sus perspectivas diferentes sobre ciertos eventos vienen de vistas distintas.

*¡Qué bendición que tenemos estos cuatro relatos sobre el tiempo del Salvador aquí en la tierra! La historia de Cristo sería incompleta si no fuera por las cuatro perspectivas.*

¿Cuál perspectiva te habla más en este momento, o cuál crees que debes escuchar más ahorita?

Jesús no dudó en decir exactamente lo que tenía que decir, en hacer precisamente lo que tenía que hacer, en enseñar lo que tocaba enseñar, o en clarificar lo que se había confundido. No se conformó en satisfacer lo que querían escuchar, pero sí consideró Su audiencia.

Lee las cuatro versiones de la misma historia, encontradas en los cuatro evangelios. Podemos usar la misma práctica de escuchar cuando citamos a diferentes versiones o traducciones de la Biblia. Si notas una diferencia o discrepancia aparente, escúchala como una perspectiva única o percepción distinta.

Mateo 20:20-28

Marcos 10:35-45

Lucas 22:24-27

Juan 13:12-17

Otras notas, dibujos, o pensamientos al escuchar al Hijo:

REFLEXIONES SEMANALES

## Semana 4: **Escuchando al Hijo**

Cada semana, al reunirnos, vamos a compartir las maneras en las que hemos escuchado, lo que hemos escuchado y cómo podemos animarnos e inspirarnos a seguir escuchando. Hemos dedicado un tiempo todos los días para escuchar a Dios, y ahora dedicaremos un tiempo para escucharnos las unas a las otras.

Haremos las dos siguientes preguntas todas las semanas:

1) ¿Qué has escuchado del Hijo esta semana?

2) ¿Cuál actividad te llamó más la atención? ¿Y por qué ésa?

Basado en lo que hemos escuchado, vamos a compartir en los Elementos Comunes (una manera del Ministerio Hermana Rosa de Hierro para hacer cualquier lección, enseñanza, o reflexión muy personal y práctica). Los Elementos Comunes nos ayudan a enfocarnos en lo que específicamente hemos oído y nos guían a ponerlo en práctica, todo en el contexto de la comunidad. Además, sirven como un diario espiritual. Por lo tanto, te animo a anotar la fecha y volverlos a ver de vez en cuando para reconocer el crecimiento.

Las respuestas de cada mujer serán distintas porque escuchamos cosas diferentes y enfrentamos batallas espirituales únicas en un momento dado. Sin embargo, podemos animarnos a crecer y florecer en esas áreas, eliminar espinas que inhiben ese crecimiento, y servir como hierro afilando a hierro las unas para las otras en esas áreas.

## Elementos Comunes

Fecha _____

Una manera en la que quieras crecer o florecer.

_____

_____

Una espina que desees eliminar.

_____

_____

Un elemento que quieras profundizar o un área en la que necesitas a alguien como afiladora en tu vida. (¿Cómo podemos nosotras, como grupo, animarte a seguir escuchando o poner en práctica lo que has oído?)

_____

_____

Un mensaje de esperanza, una palabra animadora, o un versículo bíblico del tiempo de escuchar.

_____

_____

Cierra cada semana con un tiempo de oración dándole gracias a Dios por lo que han escuchado y llevando a Dios las peticiones compartidas por los Elementos Comunes. Es una oportunidad de unirnos en una sola voz en las luchas, regocijarnos en las victorias, y seguir escuchando a Dios y las unas a las otras.

Semana 5: Escuchando al Espíritu Santo

## Semana 5, Día 1
## Cómo el Espíritu habla y escucha

En el Antiguo Testamento, el Espíritu fue más silencioso que el Padre (Gén. 1:2). Dios ungió a unas personas con Su Espíritu, hasta a uno con doble porción (2 Reyes 2:9). Y luego, el Espíritu inspiró a los profetas y escritores de la Biblia, tal como la conocemos hoy (2 Ped. 1:21, LBLA).

**[21] pues ninguna profecía fue dada jamás por un acto de voluntad humana, sino que hombres inspirados por el Espíritu Santo hablaron de parte de Dios.**

Ya que Cristo vino y fue resucitado, cada una de nosotras tiene la oportunidad de caminar íntimamente con el Espíritu, hasta dejar que Él more en nosotras. ¿Cuándo y cómo nos ungimos con el Espíritu Santo? *No se te olvide incluir versículos específicos que contestan esta pregunta.*

¿Cómo habla el Espíritu Santo hoy?

Lee Juan 15:26-27, 16:7-15. Basadas en estos versículos de Juan, haz una lista de cinco características del Espíritu y Su papel en el escuchar.

¿Qué dice Romanos 8:26-27 sobre el escuchar y el hablar del Espíritu Santo?

**²⁶ Y de la misma manera, también el Espíritu nos ayuda en nuestra debilidad; porque no sabemos orar como debiéramos, pero el Espíritu mismo intercede por nosotros con gemidos indecibles; ²⁷ y aquel que escudriña los corazones sabe cuál es el sentir del Espíritu, porque Él intercede por los santos conforme a la voluntad de Dios.**

Dado que el Espíritu escudriña tu corazón e intercede por ti, toma un momento hoy para dar gracias a Dios por el Espíritu que escucha y habla. Si no tienes las palabras, pide al Espíritu que hable por ti. ¡Podemos reclamar estas promesas!

¿Cómo has oído al Espíritu hablarte? ¿Has sentido Su guía y dirección? ¿Contestaste el llamado o lo ignoraste? Anota lo que te acuerdas sobre ese tiempo, especialmente si estás dispuesta de compartir la historia con tus Hermanas Rosa de Hierro cuando se reúnan.

Si nunca has sentido que el Espíritu te haya hablado o guiado, es un buen tiempo para pedir que te hable. Déjale saber que le estás escuchando.

Otros pensamientos, apuntes, o dibujos de escuchar al Espíritu:

## Semana 5, Día 2
## "Habla, Señor, que tu siervo escucha"

Ana abrió su corazón a Dios y Él escuchó su llanto. Eli pensó que estaba borracha, pero Dios estaba escuchando. Lee 1 Samuel 1:21-28.

¿Cuál fue la relación entre Samuel y Eli?

Ahora lee 1 Samuel 3:1-21.

¿Qué pasó esa noche en 1 Samuel 3?

¿Qué hizo Samuel cuando no reconoció la voz que le llamó?

¿Qué aplicación tenemos de lo que Samuel hizo para nuestro escuchar hoy día?

¿A quién tienes en tu vida, que ha desarrollado la práctica de escuchar a Dios y Su Espíritu; alguien que ha aprendido a reconocer Su voz? ¿Cómo desarrolló esa capacidad?

La oración de hoy viene de la sugerencia de Eli y las palabras de Samuel, "Habla, Señor, que tu siervo escucha."

Otros apuntes, dibujos, o pensamientos de escuchar al Espíritu:

# Semana 5, Día 3
# Escuchar a y por la sabiduría

El Espíritu Santo nos lleva a toda la verdad, y como Consolador y Guía, nos dirige al camino sabio. La sabiduría puede ser un concepto elusivo. No tendremos la oportunidad de ser tan sabias como Salomón, pero Santiago 1:5 nos promete que, si a alguno le falta sabiduría, pídasela a Dios y Él se la dará.

El libro de Proverbios está lleno de descripciones de los beneficios de la sabiduría, advertencias para no rechazarla, e imágenes que demuestran el valor de la sabiduría. La sabiduría, el conocimiento, y el entendimiento se intercambian en las referencias en todo el libro.

Proverbios 8 nos personifica la sabiduría. Es la misma sabiduría que nos habla. Lee el capítulo completo y toma nota del lenguaje con el que la sabiduría nos habla.

Anota las frases que te llaman la atención.

Dibuja o escribe los puntos que la sabiduría quiere hacer.

Y ahora contesta las siguientes preguntas:

¿Con quién o con qué se alinea la sabiduría?

¿Quién o qué detesta la sabiduría?

Volviendo a los versículos 22 a 31, ¿quién o qué pudiera estar hablando? (Pista: ¿A quién estamos escuchando esta semana?)

¿Qué tienen la sabiduría y el Espíritu Santo en común?

Otras notas, pensamientos, o dibujos al escuchar al Espíritu:

## Semana 5, Día 4
## Escucha primero y dos veces

Tal como resaltamos cuando escuchamos al Creador, Dios escuchó a Adán. Anheló estar en conversación con nosotros y sigue con el mismo deseo.

Santiago 1:19 (NVI) nos da una fórmula para el escuchar.

**¹⁹ Mis queridos hermanos, tengan presente esto: Todos deben estar listos para escuchar, y ser lentos para hablar y para enojarse.**

Y nuestra anatomía nos da otro recordatorio para el escuchar: ¿Cuántos oídos tenemos? \_\_\_\_ Y ¿cuántas bocas? \_\_\_\_

La recomendación de Santiago vale para nuestra comunicación con Dios y también los unos con los otros. Un misionero sabio lo expresó de la siguiente manera en el contexto de conocer a alguien con quien vas a estudiar la Biblia: "Tienes que dejar que la otra persona vacíe su balde o tobo. Escucha todo lo que tiene para decir y deja que cuente su propia historia. Así sabrás cómo responder a sus dudas, contestar sus preguntas con las Escrituras, y saber de dónde viene. ¿Cómo puedes saber por dónde comenzar el estudio sin antes averiguar dónde se encuentra la persona?"

Proverbios 18:13 (NVI)

**¹³ Es necio y vergonzoso
responder antes de escuchar.**

Otros pensamientos sobre el escuchar primero y dos veces cuando hablas con otros:

La misma práctica aplica a nuestra comunicación con Dios.

Eclesiastés 5:1-2 (NTV)

**Cuando entres en la casa de Dios, abre los oídos y cierra la boca. El que presenta ofrendas a Dios sin pensar hace mal. ²No hagas promesas a la ligera y no te apresures a presentar tus asuntos delante de Dios. Después de todo, Dios está en el cielo, y tú estás aquí en la tierra. Por lo tanto, que sean pocas tus palabras.**

Dios es infinitamente sabio. Sus pensamientos no son los nuestros. Sus caminos no son nuestros caminos (Is. 55:8-9). ¿Cómo es que escuchamos primero y dos veces en la oración?

Cuando oras hoy, escuchando primero y dos veces, que tu oración sea un eco de la oración de Cristo en el jardín: "Que se haga tu voluntad, no la mía" (Mt. 26:39). El Espíritu te ayudará en esa oración del escuchar. Que seamos tardos para hablar (Sant. 1:19) y que nuestras palabras sean pocas (Ecl. 5:2).

Otros apuntes, pensamientos, o dibujos de escuchar al Espíritu:

## Semana 5, Día 5
# Demasiado ocupada para escuchar

Parece que nunca tengo tiempo para hacer muchas de las cosas que me son muy importantes. Sólo hay 24 horas al día, y las puedo llenar rápidamente. A veces, mi día se llena de buenas prioridades. Otros días, la televisión o el celular me distrae, el Facebook me consume media hora... mi "demasiado ocupada para escuchar" es una excusa: una mala descripción de mi día porque me he perdido en las cosas que no son de la más alta prioridad. ¿Cuál es tu excusa?

Mateo 6:33 (NVI)

**33 Más bien, busquen primeramente el reino de Dios y su justicia, y todas estas cosas les serán añadidas.**

Nos cuesta poner a Dios como primera prioridad en el tiempo, en las relaciones, y en el escuchar. No pasa sin un esfuerzo o sin la intencionalidad. El escuchar requiere disciplina. Es como un músculo que debemos ejercitar. Y cuando no practicamos los ejercicios para escuchar, los músculos espirituales se debilitan y tenemos que trabajar más duro para aprender a escuchar nuevamente.

Durante la segunda semana, practicamos el escuchar en silencio. Les pedí que se sentaran tranquilas por cinco minutos a escuchar. Cuando entraron otros pensamientos, repetimos la frase, "Estoy escuchando a la voz suave del murmullo susurrado."

Hoy, vamos a practicar algo similar a lo largo del día, inspirado por María, hermana de Marta, quien "sentada a los pies del Señor, escuchaba lo que él decía" (Lc. 10:39, NVI).

*(Para los que tienen limitaciones físicas, pueden crear una versión modificada de esta práctica del escuchar.)*

Tres veces hoy, siéntate en el piso por al menos dos minutos cada vez. Imagínate a los pies del Señor, escuchando. Invita al Espíritu hablarte en reflexión silenciosa, recordándote de la verdad en los versículos que hemos leído esta semana, u otra parte de la Biblia en la que estás meditando. El recordar es uno de los papeles del Espíritu Santo. Vamos a invitarle a ayudarnos a recordar hoy.

Al menos tres veces hoy, vamos a pausar con intencionalidad para escuchar y recordar.

Escucha Su voz.

Recuerda Sus verdades en las Escrituras.

Escucha en silencio.

Recuerda las bendiciones infinitas.

Otros apuntes, pensamientos, o dibujos de escuchar al Espíritu:

## Semana 5, Día 6
## El que tenga oídos para oír... no teme el escuchar

Se cuenta la historia de un hombre que visitó al médico para pedir consejos sobre su esposa. Quería que la esposa visitara al médico para un chequeo del oído. El hombre estaba frustrado de que la esposa no le prestaba atención cuando hablaba, así que fue a buscar ayuda.

El doctor le recomendó que, al volver a casa, se parara a como 5 metros de la esposa para hacerle una pregunta. Si no le contestara, se pararía a como 3 metros para hacer la misma pregunta. Y si siguiera sin responder, una vez más a como 1 metro.

Al señor le pareció excelente la idea. "¡Gracias, doctor! Espero traerla para el chequeo esta misma semana."

Cuando llegó a la casa, el esposo saludó a su esposa y luego se paró a cinco metros de ella y preguntó, "Querida, ¿qué vamos a cenar?" Nada.

Ahora a tres metros, le volvió a preguntar, "Querida, ¿qué vamos a cenar?" Nada, otra vez.

Ahora a un solo metro, después de repetir la pregunta, la esposa volteó y respondió, "Por tercera vez, vamos a cenar arroz y frijoles. ¿Cómo te fue en la cita médica?"

Cuando nos frustramos en la comunicación, reaccionamos pensando que es la otra persona la que tiene problemas con el oído. Leemos los versículos que advierten, "El que tenga oídos para oír, que oiga..." Pero respondemos con, "Ojalá la hermana tal abriera sus oídos para oír." Al contrario, debemos primero revisar nuestros propios oídos.

No importa la verdad que diga o las buenas nuevas que comparta, podemos caer en la trampa de tener comezón de oídos: buscar escuchar sólo lo que queremos escuchar.

2 Timoteo 4:2-4 (LBLA)

**² Predica la palabra; insiste a tiempo y fuera de tiempo; redarguye, reprende, exhorta con mucha paciencia e instrucción. ³ Porque vendrá tiempo cuando no soportarán la sana doctrina, sino que teniendo comezón de oídos, acumularán para sí maestros conforme a sus propios deseos; ⁴ y apartarán sus oídos de la verdad, y se volverán a mitos.**

La oración para el escuchar hoy es que el Espíritu nos abra los oídos y el corazón para escuchar exactamente lo que nos quiere decir. La tentación sería de pedirlo para otro, para que Dios les abra los oídos y el corazón. Es una oración válida, pero sólo podemos controlar nuestro propio escuchar, no el de ningún otro.

¿Por qué evitamos escuchar?

Admito que, a veces, temo el escuchar. Evito ir a la Palabra, temerosa de lo que Dios revelará de mi vida o temo el dolor de la convicción que viene por lo que escucharé.

Pero hay una diferencia entre el ser compungida de corazón y el ser condenada. Cuando no escuchamos según la comezón de oídos, sino que escuchamos lo que Dios necesita decirnos, es posible que salgamos con la convicción de lo que dijo. Pero son palabras dichas con amor y para nuestro propio bien.

Cuando el Espíritu vino sobre los apóstoles en el Día de Pentecostés, se inspiraron a hablar tal como Dios les dirigió. El Espíritu les equipó para hablar en los idiomas de toda persona presente. Y aunque el mensaje les compungió, ¿qué les llevó a hacer?

Hechos 2:36-41 (LBLA)

**³⁶ Sepa, pues, con certeza toda la casa de Israel, que a este Jesús a quien vosotros crucificasteis, Dios le ha hecho Señor y Cristo. ³⁷ Al oír esto, compungidos de corazón, dijeron a Pedro y a los demás apóstoles: Hermanos, ¿qué haremos? ³⁸ Y Pedro les dijo: Arrepentíos y sed bautizados cada uno de vosotros en el nombre de Jesucristo para perdón de vuestros pecados, y recibiréis el don del Espíritu Santo. ³⁹ Porque la promesa es para vosotros y para vuestros hijos y para todos los que están lejos, para tantos como el Señor nuestro Dios llame. ⁴⁰ Y con muchas otras palabras testificaba solemnemente y les exhortaba diciendo: Sed salvos de esta perversa generación. ⁴¹ Entonces los que habían recibido su palabra fueron bautizados; y se añadieron aquel día como tres mil almas.**

El arrepentimiento. Una oportunidad para comenzar de nuevo. Que no tengamos comezón de oídos, sino que escuchemos la verdad, aún si terminamos compungidos de corazón.

Otros apuntes, pensamientos, o dibujos de escuchar al Espíritu:

# Semana 5, Día 7
## Nuestro propio "audífono"

Como se ha hecho evidente por los ejercicios para escuchar esta semana, un aspecto importante del escuchar es el recordar lo que hemos oído. El Espíritu Santo sirve como nuestro asistente de oído personal o "audiófono," especialmente cuando nos olvidamos de lo que ya se nos ha dicho, tal como leímos en los versículos de Juan, más temprano en la semana.

Al mantenernos encaminadas con el Espíritu (Gál. 5:25), reflejamos el fruto del Espíritu (v. 22-23) y mejoramos el escuchar.

¿Cómo es que cada aspecto del fruto del Espíritu nos ayuda en el escuchar, sea a Dios o a otros?

*Puedes dibujar, escribir, o citar otros versículos bíblicos como parte de tu respuesta.*

Amor


Gozo


Paz

Paciencia

Benignidad

Bondad

Fe

Mansedumbre

Templanza/Dominio Propio

Otros apuntes, pensamientos, o dibujos de escuchar al Espíritu y contemplar Su fruto:

REFLEXIONES SEMANALES

## Semana 5: **Escuchando al Espíritu**

Cada semana, al reunirnos, vamos a compartir las maneras en las que hemos escuchado, lo que hemos escuchado y cómo podemos animarnos e inspirarnos a seguir escuchando. Hemos dedicado un tiempo todos los días para escuchar a Dios, y ahora dedicaremos un tiempo para escucharnos las unas a las otras.

Haremos las dos siguientes preguntas todas las semanas:

1) ¿Qué has escuchado del Espíritu Santo esta semana?

2) ¿Cuál actividad te llamó más la atención? ¿Y por qué ésa?

Basado en lo que hemos escuchado, vamos a compartir en los Elementos Comunes (una manera del Ministerio Hermana Rosa de Hierro para hacer cualquier lección, enseñanza, o reflexión muy personal y práctica). Los Elementos Comunes nos ayudan a enfocarnos en lo que específicamente hemos oído y nos guían a ponerlo en práctica, todo en el contexto de la comunidad. Además, sirven como un diario espiritual. Por lo tanto, te animo a anotar la fecha y volverlos a ver de vez en cuando para reconocer el crecimiento.

Las respuestas de cada mujer serán distintas porque escuchamos cosas diferentes y enfrentamos batallas espirituales únicas en un momento dado. Sin embargo, podemos animarnos a crecer y florecer en esas áreas, eliminar espinas que inhiben ese crecimiento, y servir como hierro afilando a hierro las unas para las otras en esas áreas.

## Elementos Comunes

Fecha _____

Una manera en la que quieras crecer o florecer.

_____

_____

Una espina que desees eliminar.

_____

_____

Un elemento que quieras profundizar o un área en la que necesitas a alguien como afiladora en tu vida. (¿Cómo podemos nosotras, como grupo, animarte a seguir escuchando o poner en práctica lo que has oído?)

_____

_____

Un mensaje de esperanza, una palabra animadora, o un versículo bíblico del tiempo de escuchar.

_____

_____

Cierra cada semana con un tiempo de oración dándole gracias a Dios por lo que han escuchado y llevando a Dios las peticiones compartidas por los Elementos Comunes. Es una oportunidad de unirnos en una sola voz en las luchas, regocijarnos en las victorias, y seguir escuchando a Dios y las unas a las otras.

Semana 6: Escuchando por los cinco sentidos

# Semana 6, Día 1
## Prueba y ve que el Señor es bueno

Salmo 34:8 (NVI)

Prueben y vean que el Señor es bueno;
dichosos los que en él se refugian.

Un frío viernes por la mañana en el mes de enero, tomé un momento para escuchar la nieve que estaba cayendo. Pareciera que no tiene sonido, pero fue la belleza de esa quietud la que aprecié esa mañana de invierno.

Me alejé del susurro de mi computadora, el sonar melodioso de mi celular, y el timbre de las notificaciones que demandaban mi atención. Todo podía esperar.

Y como se hizo nueva la grama de mi casa por la cobija de nieve, mi perspectiva sobre la vida y todas mis frustraciones se renovaron por mi tiempo a solas con Dios, escuchando la caída de la nieve.

*Para poder escuchar verdaderamente y totalmente, utilizo los cinco sentidos.* Me encanta el olor de la nieve fresca y la textura es divertida, hasta en mis manos cubiertas por los guantes. El crujir bajo mis pies agrega otro sonido a su caída, pero sólo si escucho muy atentamente bajo la gorra roja que llevo puesta.

Al observar los copos de nieve de diferentes pesos y tamaños, me maravillo de los que el viento lleva; se tumban por el cielo al caer al piso. Así cuesta más conseguir unos copos para probar, pero me encanta como se derriten en mi lengua y humedecen mi aliento.

¿Puedes escuchar y probar la nieve conmigo? ¿Estás escuchando?

**El escuchar es más que sólo oír un sonido.**

De niñas, mis padres nos decían, "Necesito que me escuches con los ojos." Pedían la atención completa y no-dividida.

El escuchar se realiza por los cinco sentidos. Y es el enfoque para los ejercicios de escuchar esta semana.

Hoy, al probar el café rico por la mañana, o saborear el bocado de comida sabrosa por la tarde, recuerda "probar y ver que el Señor es bueno" (Sal. 34:8).

Santiago 1:17 (NVI)

**17 Toda buena dádiva y todo don perfecto descienden de lo alto, donde está el Padre que creó las lumbreras celestes, y que no cambia como los astros ni se mueve como las sombras.**

¿Qué significa para ti probar y ver que el Señor es bueno?

¿Qué tiene que ver el probar con la práctica de escuchar?

Otros pensamientos, apuntes, o dibujos al escuchar por el sentido de probar:

## Semana 6, Día 2
## Mirar y escuchar

¿Qué ves cuando escuchas a alguien atentamente? Puede ser que les estás mirando a los ojos, pero además estás observando otras señales por su lenguaje corporal.

Cuando escucho a Dios por las Escrituras, leo las palabras en la página y mis ojos procesan el mensaje que me llamó a escuchar.

Y cuando veo algo que capta mi atención, me llama, como una invitación a escuchar.

Moisés fue llamado a escuchar primero al ver lo que Dios le había presentado.

Éxodo 3:1-6 (NVI)

Un día en que Moisés estaba cuidando el rebaño de Jetro, su suegro, que era sacerdote de Madián, llevó las ovejas hasta el otro extremo del desierto y llegó a Horeb, la montaña de Dios. ² Estando allí, el ángel del Señor se le apareció entre las llamas de una zarza ardiente. Moisés notó que la zarza estaba envuelta en llamas, pero que no se consumía, ³ así que pensó: «¡Qué increíble! Voy a ver por qué no se consume la zarza».

⁴ Cuando el Señor vio que Moisés se acercaba a mirar, lo llamó desde la zarza:

—¡Moisés, Moisés!

—Aquí me tienes —respondió.

⁵ —No te acerques más —le dijo Dios—. Quítate las sandalias, porque estás pisando tierra santa. ⁶ Yo soy el Dios de tu padre. Soy el Dios de Abraham, de Isaac y de Jacob.

**Al oír esto, Moisés se cubrió el rostro, pues tuvo miedo de mirar a Dios.**

¿Qué se nota sobre la secuencia y la relación entre el mirar y el escuchar en esta historia?

Se puede describirla como la diferencia entre el escuchar activo y pasivo. Cuando anhelamos escuchar, prestamos atención plena a lo que Dios está diciendo. Nos acercamos a Él para escuchar y responder, a veces basado en lo que hemos visto. ¿Estás mirando para escuchar?

¿Cómo te ha hablado Dios por lo que has visto? ¿O cómo has observado a Dios trabajando en tu vida o en las vidas de otros?

¿Qué te dijo Dios cuando miraste y escuchaste?

Mientras más miramos, más escuchamos, y más listas estamos de escucharle mejor la próxima vez.

Me honra poder mirar y escuchar junta contigo en estos ejercicios para escuchar.

Otros apuntes, pensamientos, o dibujos por escuchar al mirar:

# Semana 6, Día 3
## Siempre escuchamos a algo

Mi papá tuvo una severa infección de oído que repentinamente y sin advertencia se convirtió en meningitis, sepsis y neumonía. Pasó una semana en el hospital y luego le dimos antibióticos intravenosos en la casa diez días más.

Durante ese tiempo, y por unas semanas más, su oído derecho estuvo totalmente tapado. Y dado que no podía escuchar ningún sonido por ese oído, su cerebro llenó el vacío al tocar su propia música.

Por como un mes, mi papá escuchó la música orquestal, música de banda, y una que otra canción vieja de cuando era niño. La canción a la que siempre volvía fue La Rapsodia en Azul por George Gershwin, una obra excelente y pegajosa en su ritmo.

Nos reímos al decir que menos mal sólo escuchaba buena música porque lo que "oyó" en ese tiempo venía de su cerebro, y no de las ondas sonoras que usamos para procesar un sonido.

Al reflexionar sobre ese fenómeno, me di cuenta que *siempre estamos escuchando a algo*, aún si es sólo la voz en nuestra propia mente. No existe el silencio completo. Si estamos en un ambiente silencioso, nuestro cerebro compensará y nuestros pensamientos traerán su propio "sonido" al momento.

Hoy, vamos a escuchar por el sentido del oír, pero vamos a escuchar por el silencio.

Salmo 62:1-2, 5-8 (LBLA)

**En Dios solamente espera en silencio mi alma;**
**de El viene mi salvación.**

²Sólo El es mi roca y mi salvación,
mi baluarte, nunca seré sacudido.

⁵Alma mía, espera en silencio solamente en Dios,
pues de El viene mi esperanza.
⁶Sólo El es mi roca y mi salvación,
mi refugio, nunca seré sacudido.
⁷En Dios descansan mi salvación y mi gloria;
la roca de mi fortaleza, mi refugio, está en Dios.
⁸Confiad en El en todo tiempo, oh pueblo;
derramad vuestro corazón delante de El;
Dios es nuestro refugio. (Selah)

Habacuc 2:20 (NVI)

²⁰En cambio, el Señor está en su santo templo;
¡guarde toda la tierra silencio en su presencia!

Apocalipsis 8:1 (NVI)

Cuando el Cordero rompió el séptimo sello, hubo silencio en el cielo como por media hora.

Ya hemos mejorado la práctica de escuchar por el silencio... Te presento el desafío de escuchar por media hora en silencio. Imagínate entrar en Su santo templo y guardar silencio ante Él durante esa media hora.

Otros apuntes, pensamientos, o dibujos al escuchar por el sentido de oír:

## Semana 6, Día 4
## Ni un rastro de humo

El olfato es el sentido con mayor memoria: pan fresco en la casa de la abuela, las flores de la casa de la vecina en la primavera, y el aire lleno de polución en Caracas. Cada uno de esos olores me traen recuerdos especiales y provocan todas las emociones que viene con cada uno.

Escuchar a Dios por los olores de la naturaleza es una manera obvia de escuchar a Dios por el sentido del olfato.

Pablo compara la visita de Epafrodito y los regalos mandados por los filipenses con un olor fragante, como los sacrificios que los israelitas hicieron a Dios (Fil. 4:18, RV60).

**¹⁸ Pero todo lo he recibido, y tengo abundancia; estoy lleno, habiendo recibido de Epafrodito lo que enviasteis; olor fragante, sacrificio acepto, agradable a Dios.**

¿Qué ofrecemos al Señor que es como un olor fragante delante de Él?

¿Cómo son Sus palabras como olor fragante para ti?

Una de las historias más poderosas en las que escuchamos la respuesta de Dios, comprobada por el sentido de olfato, se encuentra en Daniel 3. Te animo a leer todo el capítulo antes de resaltar unas partes específicas para el ejercicio de escuchar hoy.

Apuntes de Daniel 3:

Después de negar adorar a la estatua dorada, vemos la respuesta de los tres judíos, siervos de Dios en Daniel 3:16-18 (NVI).

**16 Sadrac, Mesac y Abednego le respondieron a Nabucodonosor:**

**—¡No hace falta que nos defendamos ante Su Majestad! 17 Si se nos arroja al horno en llamas, el Dios al que servimos puede librarnos del horno y de las manos de Su Majestad. 18 Pero, aun si nuestro Dios no lo hace así, sepa usted que no honraremos a sus dioses ni adoraremos a su estatua.**

¡Guao! ¡Qué fe! Pero no termina la historia allí, ni es el enfoque para el escuchar hoy.

Daniel 3:26-27 (NVI)

**26 Dicho esto, Nabucodonosor se acercó a la puerta del horno en llamas y gritó:**

**—Sadrac, Mesac y Abednego, siervos del Dios Altísimo, ¡salgan de allí, y vengan acá!**

**Cuando los tres jóvenes salieron del horno, 27 los sátrapas, prefectos, gobernadores y consejeros reales se arremolinaron en torno a ellos y vieron que el fuego no les había causado ningún daño, y que ni uno solo de sus cabellos se había chamuscado; es más, su ropa no estaba quemada ¡y ni siquiera olía a humo!**

Fogatas, hornos de leña, o cualquier fuente de fuego, sin importar lo lejos que me siento de las llamas, mi ropa y mi cabello terminan oliendo a humo después de pocos momentos.

Pero para Sadrac, Mesac, y Abednego, "ni siquiera olía a humo."

¿Cuál fue el mensaje de Dios ese día para todos, testificado por el sentido de olfato? (O por la manera en la que Nabucodonosor lo expresó en su declaración en Dan. 3:28-29).

El poder de Dios es sin igual. Y ninguna circunstancia puede impedir Su capacidad para salvar. Que esa verdad sea como olor fragante y palabra animadora para ti hoy.

Otros apuntes, pensamientos, o dibujos al escuchar por el sentido de olfacción:

# Semana 6, Día 5
# Toca y escucha Su bondad

El escuchar por el tocar es un poco más complicado para poner en práctica en estos 40 días de devoción. Sin embargo, te invito a colocar "la gorra para pensar." Pon los oídos que escuchan bien. Es un acto físico que ilustra la invitación espiritual.

Dios nos manda a amar con todo el corazón, alma, mente, y fuerza (Mt. 22:36-40). Y eso implica que debemos escuchar con todo el corazón, alma, mente, y fuerza.

Pasa tu dedo por las orejas, y fíjate en los detalles de las dobleces y las curvas en el cartílago. Así mismo Dios las hizo. No hay dos orejas iguales. Y aunque las orejas nos ayudan a filtrar el sonido, no es dónde se realiza el escuchar.

El sonido pasa por el conducto auditorio y vibra los huesos pequeños y la membrana, mandando señales al cerebro, las cuales interpretamos en el hablar y con otros sonidos.

Ya toca el último ejercicio de escuchar. Sea por el escribir o por el dibujar, vamos a usar el sentido del tacto como recordatorio de nuestra "Llamada a escuchar." Renovaremos el compromiso de escuchar al Maestro y nuestra devoción a Él.

En la primera oreja (izq.):

Escribe o dibuja las cosas que has oído de Dios y recordatorios de cómo Él te habla personalmente.

Para la segunda oreja (abajo):

En la curva de la oreja, escribe la frase, "Habla, que tu sierva escucha" (1 Sam. 3:10b). Y dibuja en la oreja una perforación que representa el compromiso descrito en Éxodo 21:5-6 (NVI) y la renovación de nuestra propia devoción al Maestro.

**⁵ Si el esclavo llega a declarar: "Yo no quiero recobrar mi libertad, pues les tengo cariño a mi amo, a mi mujer y a mis hijos", ⁶ el amo lo hará comparecer ante los jueces, luego lo llevará a una puerta, o al marco de una puerta, y allí le horadará la oreja con un punzón. Así el esclavo se quedará de por vida con su amo.**

REFLEXIONES SEMANALES

## Semana 6: **Escuchando por los cinco sentidos**

Cada semana, al reunirnos, vamos a compartir las maneras en las que hemos escuchado, lo que hemos escuchado y cómo podemos animarnos e inspirarnos a seguir escuchando. Hemos dedicado un tiempo todos los días para escuchar a Dios, y ahora dedicaremos un tiempo para escucharnos las unas a las otras.

Haremos las dos siguientes preguntas todas las semanas:

1) ¿Qué has escuchado por los cinco sentidos esta semana?

2) ¿Cuál actividad te llamó más la atención? ¿Y por qué ésa?

Basado en lo que hemos escuchado, vamos a compartir en los Elementos Comunes (una manera del Ministerio Hermana Rosa de Hierro para hacer cualquier lección, enseñanza, o reflexión muy personal y práctica). Los Elementos Comunes nos ayudan a enfocarnos en lo que específicamente hemos oído y nos guían a ponerlo en práctica, todo en el contexto de la comunidad. Además, sirven como un diario espiritual. Por lo tanto, te animo a anotar la fecha y volverlos a ver de vez en cuando para reconocer el crecimiento.

Las respuestas de cada mujer serán distintas porque escuchamos cosas diferentes y enfrentamos batallas espirituales únicas en un momento dado. Sin embargo, podemos animarnos a crecer y florecer en esas áreas, eliminar espinas que inhiben ese crecimiento, y servir como hierro afilando a hierro las unas para las otras en esas áreas.

## Elementos Comunes

Fecha _____

Una manera en la que quieras crecer o florecer.

_____

_____

Una espina que desees eliminar.

_____

_____

Un elemento que quieras profundizar o un área en la que necesitas a alguien como afiladora en tu vida. (¿Cómo podemos nosotras, como grupo, animarte a seguir escuchando o poner en práctica lo que has oído?)

_____

_____

Un mensaje de esperanza, una palabra animadora, o un versículo bíblico del tiempo de escuchar.

_____

_____

Cierra cada semana con un tiempo de oración dándole gracias a Dios por lo que han escuchado y llevando a Dios las peticiones compartidas por los Elementos Comunes. Es una oportunidad de unirnos en una sola voz en las luchas, regocijarnos en las victorias, y seguir escuchando a Dios y las unas a las otras.

# Conclusión

Ama a Dios. Ama a otros. Escucha a Dios. Escucha a otros.

Durante los últimos cuarenta días, hemos hecho eso mismo. Al desarrollar nuestras habilidades de escuchar, estamos más equipadas para cumplir el mayor mandamiento (Mt. 22:34-39).

Y dado que has trabajado por cuarenta días para formar un nuevo hábito, ¡no te detengas! Ya estás equipada para continuar tu devoción de escuchar a Dios y de escuchar a otros.

Para mí, personalmente, mi compromiso renovado al escuchar se puede resumir en las siguientes dos frases, las que he repetido constantemente durante las últimas seis semanas:

"Habla, que tu sierva escucha."

"Estoy escuchando a la voz suave del murmullo susurrado."

Me cuesta escuchar. El ruido de la vida invade mis pensamientos, hasta el primer momento en que me despierto. C.S. Lewis lo describió de esta forma:

> *Es por ello que el verdadero problema de la vida cristiana aparece donde la gente usualmente no lo busca. Aparece en el momento mismo en que despiertas cada mañana. Todos tus deseos y esperanzas para el día se abalanzan sobre ti como animales salvajes. Y la primera tarea cada mañana consiste simplemente en empujarlos atrás;* **en escuchar**

***a esa otra voz***, *tomar ese otro punto de vista, dejar que esa otra vida, más grande, más fuerte y más tranquila, fluya en ti. Y así durante todo el día. Apartándote de tu natural alborotarte por naderías y tus naturales irritaciones; protegiéndote del viento.*

*Al comienzo, sólo podemos hacerla por momentos. Pero a partir de esos momentos, la nueva clase de vida se esparcirá por todo nuestro sistema; porque ahora lo estamos dejando trabajar en la mejor parte de nosotros. Es la diferencia entre la pintura, que meramente yace sobre la superficie, y la tintura o una mancha que impregna en profundidad.*

Mi oración para ti específicamente es que las cosas que has oído durante los últimos cuarenta días no sean como pintura blanqueada. Sino que lo que escuchabas llegue a lo más profundo de tu alma, transformado tu corazón, renovando tu mente, y dándote nuevas fuerzas.

**Ama a Dios. Ama a otros. Escucha a Dios. Escucha a otros.**

Gracias por acompañarnos en el camino del escuchar. Anticipo escuchar maravillas de lo que Dios está haciendo en nuestras vidas desde ahora en adelante mientras seguimos escuchando.

Apéndice A

# Formato de los estudios bíblicos del Ministerio Hermana Rosa de Hierro[2]

Los estudios bíblicos del Ministerio Hermana Rosa de Hierro (MHRH) son diseñados para el contexto de pequeños grupos de damas. Aún si fuera posible darles "todas las respuestas" y darles mi perspectiva sobre los versículos y conceptos presentados, no puedo enfatizar lo suficiente el valor de la comunión, la discusión, y la oración con otras hermanas en Cristo. El formato de los estudios bíblicos permite mayor conversación, profundidad de conocimiento y perspectivas únicas. Si no siguen el libro exactamente, ¡está bien! Les invito a que los estudios sean suyos, que permitan que el Espíritu les guíe, y que traten los estudios como guía y recurso, no como fórmula o guion.

---

[2] Este libro es diseñado para el estudio personal y la *Reflexiones semanales* en el contexto de los grupos pequeños. Aunque el formato es un poco distinto a los estudios interactivos anteriores del MHRH, las sugerencias en el contexto de los grupos pequeños siguen iguales.

Los estudios bíblicos MHRH también proveen la oportunidad de escribir tu propio diario espiritual. Te animo a anotar la fecha en cada capítulo y hacer apuntes en los márgenes mientras contestas las preguntas. Los 'Elementos Comunes' también sirven como un archivo de tu crecimiento espiritual individual y en comunión con tus Hermanas Rosa de Hierro (parte de las **Reflexiones semanales**).

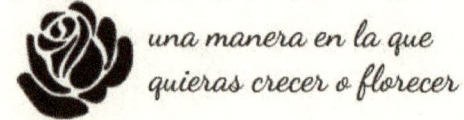

*Elementos comunes en los estudios MHRH*

*una manera en la que quieras crecer o florecer*

*una espina que desees eliminar*

*un elemento que quieras profundizar o un área en la que necesitas a alguien como afiladora en tu vida*

Usando la imagen de la rosa y el logotipo de MHRH, los pétalos de la rosa representan las áreas en las que reconocemos la necesidad de crecer o florecer. A través de los estudios, también podemos identificar espinas que deseemos eliminar o las cuales necesitemos ayuda para eliminar. Puede ser que sean espinas como las de Pablo (2 Cor. 12:7-10), pero al identificarlas, ya sabemos dónde están y podemos afilarlas o dejar de puyarnos a nosotras mismas o a otros. El último Elemento Común es el hierro. Se facilita mejor en comunión con otras hermanas cristianas: Hermanas Rosa de Hierro.

## ¿Qué es una Hermana Rosa de Hierro?

Una Hermana Rosa de Hierro es una hermana cristiana que sirve como hierro afilando a hierro (Prov. 27:17), quien anima e inspira a otras a ser tan bellas como rosas a pesar de unas espinas.

## Propósitos de las relaciones Hermana Rosa de Hierro:

- ➢ Ánimo e inspiración
- ➢ Oración
- ➢ Entendimiento y afirmación
- ➢ Confidencialidad
- ➢ Afiladora espiritual
- ➢ Llamado mutuo a vivir en santidad
- ➢ Amistad espiritual y conversación

## Recomendaciones para estudios bíblicos del Ministerio Hermana Rosa de Hierro:

- ➢ Apartar al menos una hora y media para reunirse semanalmente.
  - o Somos mujeres – ¡Nos gusta hablar!
  - o Tiempo en oración
  - o Profundidad de conversación y plática
- ➢ Guiar el estudio en rotación entre TODAS las mujeres.
  - o ¡Todas pueden guiar!
  - o ¡Todas crecerán!
  - o Para más sugerencias, revisa la *Guía para la facilitadora* (pg. 141-142)
- ➢ Comprometerse a hacer todos los *Ejercicios diarios de escuchar* de antemano.
  - o Las conversaciones y discusiones serán más ricas y profundas si todas vienen preparadas.

- o Vas a sacar provecho de acuerdo con el tiempo que le dedicas.
- o Vas a necesitar tu Biblia favorita a mano para cumplir los estudios.
➢ Mantenerse en contacto durante la semana.
- o Orar unas por otras
- o Animarse unas a otras
- o 'Elementos Comunes'

Apéndice B

# Guía para la facilitadora

Tal como se presentó en el *Formato de los estudios bíblicos del Ministerio Hermana Rosa de Hierro,* cada Hermana Rosa de Hierro es animada a rotar la coordinación dentro del grupo cada semana.

Aún si no te sientes equipada o capacitada para facilitar la conversación o te falta experiencia, es una rica oportunidad para crecer y ser de bendición para otras mujeres. Estás entre hermanas y amigas que te están apoyando en esta parte de tu camino también.

## Lo siguiente es una lista de consejos o sugerencias, especialmente para nuevas líderes:

- ➢ Haz que el estudio sea tuyo y deja que el Espíritu les guíe. Estos estudios son un recurso no un guion.
    - o Comienza con las primeras dos preguntas de las *Reflexiones semanales*.
    - o Siéntete libre de agregar tus propias preguntas
    - o Resalta el *Ejercicio de escuchar* que más te llamó la atención, sin importar si fue mencionado por otra o no.

➢ Mantente atenta a contestar primero la pregunta para discusión y usar tus propios ejemplos, pero evita la tentación de ser la única que habla.
  o Permite un tiempo de silencio incómodo para dar la oportunidad a otras a pensar y compartir.
  o Está bien invitar a alguien en particular a responder una pregunta específica.
  o ¿Por qué? o ¿Por qué no? son buenas preguntas de seguimiento para facilitar la plática.
➢ Ser líder se trata de facilitar la discusión, no de tener todas las respuestas.
  o Cuando alguien menciona una situación difícil o presenta una pregunta complicada, siempre puedes abrir la pregunta para que todas respondan con las Escrituras, no sólo con sus propios consejos.
  o Puede que la respuesta amerite un estudio más profundo de las Escrituras o una consulta con alguien con más experiencia en la Palabra y/o experiencia acerca del asunto mencionado. ¡Y está bien! Estamos profundizando en los distintos temas.
➢ La última pregunta para conversar de las **Reflexiones semanales** viene de los **Elementos Comunes**. Agradece a las que están dispuestas a compartir sus respuestas auténticas a estas preguntas más personales o vulnerables, que nos ayudan a profundizar y crecer juntas.
➢ No te olvides planificar y apartar un tiempo para orar.
➢ Recuerda nuestros propósitos como estudiantes de la Palabra, e hijas del Rey. Estamos escuchando para profundizar nuestra relación con Dios y las unas con las otras: a ser Hermanas Rosa de Hierro que sirven como hierro afilando a hierro, animándonos a ser tan bellas como rosas a pesar de unas espinas.

# Sobre la autora

Durante la trayectoria de su ministerio, Michelle J. Goff ha escrito en inglés y en español muchos estudios bíblicos orientados para compartir en grupo. Dios ha guiado a Michelle a compartir estos recursos con más mujeres alrededor del mundo a través del Ministerio Hermana Rosa de Hierro. Ella también seguirá aprovechando oportunidades para servir como expositora en seminarios, conferencias, y otros eventos para damas a lo largo de las Américas en inglés y en español. Si deseas programar un seminario en una iglesia cercana, por favor, contacta a Michelle por medio del correo electrónico hermanarosadehierro@gmail.com, o para mayor información, visita la página web: www.HermanaRosadeHierro.com

## Vida personal

Michelle creció en Baton Rouge, Luisiana, con sus padres y tres hermanas menores. Su amor y dedicación para ayudar a las mujeres que encuentra en su camino empezó desde temprano con sus hermanas, aun cuando ellas pensaban que ella era muy mandona. Michelle y sus hermanas han madurado mucho desde su niñez, pero los lazos de hermandad permanecen. Michelle ha sido bendecida por el apoyo de su familia durante todas sus aventuras a lo largo de los años.

Michelle disfruta el tiempo con la familia, es aficionada de los Bravos de Atlanta y los Tigres de LSU. Le gusta tomar un café o té con sus amigas, ir al cine, viajar, y le gusta hablar español. Y adivinen cuál es su flor favorita... Sí. La rosa roja.

Actualmente, ella reside en Searcy, Arkansas, cerca de su familia.

## Experiencia en el ministerio y la educación

Michelle sintió primero el llamado al ministerio durante su último año de estudio en la Universidad de Harding mientras hacía una licenciatura en terapia del lenguaje y español. Tenía planes para unirse a un equipo con el objetivo de establecer una nueva congregación en el norte de Bogotá, Colombia. Para facilitar los planes de la nueva obra en Bogotá, ella se mudó a Atlanta, Georgia, después de graduarse en mayo de 1999. Aunque el plan para Bogotá, Colombia, no se logró, Michelle siguió con el sueño y fue parte del grupo que estableció una nueva obra allí en marzo del 2000.

Ella trabajó en el ministerio de misiones en la Iglesia de Cristo en North Atlanta por un año y medio antes de mudarse a Denver, Colorado, a trabajar con cuatro nuevas congregaciones — una habla-inglesa (Iglesia de Cristo en Highlands Ranch) y tres hispanohablantes. Durante los dos años y medio que vivió en Denver, Michelle siguió involucrada en Bogotá, Colombia, y en varias regiones de Venezuela, visitando nuevas congregaciones, enseñando clases, dirigiendo retiros de damas, enseñando y colaborando en campamentos de jóvenes, etc.

En marzo del 2003, Michelle se mudó a Caracas, Venezuela, a colaborar con una nueva congregación en el este de la ciudad. Cada tres meses para renovar su visa venezolana, visitaba Bogotá, Colombia, para también seguir colaborando con la congregación allí. Su tiempo en Caracas estuvo enfocado en la congregación del Este, pero también pudo participar en otras actividades de damas en otras regiones del país. Durante los cuatro años que Michelle estuvo en Caracas, la congregación que empezó con doce personas reunidas en su apartamento llegó a tener casi cien miembros. La Iglesia de Cristo en el Este sigue creciendo a pesar de la situación en Venezuela.

En marzo del 2007, Michelle hizo una transición al ministerio en los Estados Unidos como ministra universitaria para las damas con la Iglesia de Cristo, South Baton Rouge. Ellos tienen un Centro Cristiano Estudiantil al lado del campus de la Universidad Estatal de Luisiana (LSU). Mientras Michelle acompañaba a los universitarios en su camino espiritual y servía en otros papeles con el ministerio de damas, Michelle cursó una maestría en LSU. Se graduó en diciembre del 2011, culminando su maestría en estudios hispanos con una concentración en la lingüística. Su tesis exploró la influencia de factores sociales y religiosos en la interpretación de las Escrituras.

Ahora Michelle está siguiendo el llamado de Dios al usar su experiencia en el ministerio bilingüe con mujeres de toda edad y distintos orígenes culturales, para bendecirlas con oportunidades de crecimiento y crear vínculos profundos espirituales con otras hermanas en Cristo, a través del Ministerio Hermana Rosa de Hierro.

# Sobre el Ministerio Hermana Rosa de Hierro

El Ministerio Hermana Rosa de Hierro es una entidad sin fines de lucro 501(c)(3) registrada en los EE.UU. con una junta directiva y en consulta con algunos ancianos de la Iglesia de Cristo.

### Visión:

Equipar a las mujeres para que se conecten más profundamente con Dios y con otras hermanas en Cristo.

### Misión general:

Un ministerio que facilita mejores relaciones entre hermanas en Cristo para que puedan servir como hierro afilando a hierro, animándose e inspirándose a que sean tan bellas como rosas a pesar de unas espinas. Su meta es la de proveer recursos bíblicos sencillos para ser guiados por cualquier persona y profundos para que todas crezcan.

## Cada FACETA y base acerca de nuestra visión:

**F – Fidelidad –** a Dios sobre todo. *"Busquen primeramente el reino de Dios y su justicia, y todas estas cosas les serán añadidas."* (Mt. 6:33)

**A – Autenticidad –** No somos hipócritas, sólo humanas.

*"...pero él me dijo: «Te basta con mi gracia, pues mi poder se perfecciona en la debilidad.» Por lo tanto, gustosamente haré más bien alarde de mis debilidades, para que permanezca sobre mí el poder de Cristo. Por eso me regocijo en debilidades, insultos, privaciones, persecuciones y dificultades que sufro por Cristo; porque cuando soy débil, entonces soy fuerte."* (2 Cor. 12:9-10)

**C – Comunidad –** No fuimos creadas para tener una relación aislada con Dios. Él ha diseñado a la iglesia como un cuerpo con muchos miembros (1 Cor. 12). La cantidad de pasajes "los unos a los otros" en el Nuevo Testamento afirma ese diseño. Como mujeres, tenemos necesidades únicas en las relaciones, tras diferentes etapas de la vida — a veces, como Moisés, necesitamos los brazos levantados por otros en apoyo (Éx. 17:12) o en otras ocasiones, podemos regocijarnos con los que están alegres o llorar con los que lloran (Rom. 12:15). Los estudios Hermana Rosa de Hierro están diseñados para ser compartidos en comunidad.

**E – Estudio –** *"La palabra de Dios es viva y poderosa, y más cortante que cualquier espada de dos filos. Penetra hasta lo más profundo del alma y del espíritu, hasta la médula de los huesos, y juzga los pensamientos y las intenciones del corazón."* (Heb. 4:12)

Para poder obtener los beneficios y las bendiciones de la visión de la Hermana Rosa de Hierro, debemos consultar al Creador. A través de un mayor conocimiento de la Palabra, podemos florecer como rosas y quitar las espinas — discerniendo cómo el Espíritu nos guía, reconociendo la voz del Padre y siguiendo el ejemplo del Hijo. Se cumple con esas metas exitosamente en el contexto de la comunidad, así que proveemos recursos para el estudio bíblico en grupo, pero sin excluir el tiempo a solas con Dios, y por eso los recursos sirven para estudios bíblicos personales también.

**T – Testimonio** – Todas tenemos una "historia con Dios." Al reconocer su mano viva y activa en nuestras vidas, somos bendecidas al compartir ese mensaje de esperanza con otros (Jn. 4:39-42). ¡Gracias a Dios, esa historia no ha terminado! Dios sigue trabajando en la transformación de vidas y anhelamos oír tus historias también.

**A – Ánimo en oración y como afiladora** – *"El hierro se afila con el hierro."* (Prov. 27:17) Dios no nos ha dejado solas en el camino. *"Confiésense unos a otros sus pecados, y oren unos por otros, para que sean sanados. La oración del justo es poderosa y eficaz"* (Sant. 5:16).

Es nuestra oración que cada mujer que se una en esta misión participe como Hermana Rosa de Hierro con otras damas.

## Para más información, por favor:

Visita www.HermanaRosadeHierro.com.

Anótate para recibir los boletines del MHRH.

www.ingramcontent.com/pod-product-compliance
Lightning Source LLC
Chambersburg PA
CBHW051801040426
42446CB00007B/467